口述

中研院近代史研究所口述历史系列

我对大陆改革开放与台湾建设的建言

——顾应昌先生口述历史

访问：刘素芬 庄树华

纪录：向明珠 陈怡如

九州出版社 JIUZHOUPRESS | 全国百佳图书出版单位

图书在版编目（CIP）数据

我对大陆改革开放与台湾经济建设的建言：顾应昌先生访问纪录 / 刘素芬，庄树华访问；向明珠，陈怡如纪录. -- 北京：九州出版社，2011.8
（中研院近代史研究所口述历史系列）
ISBN 978-7-5108-1030-5

Ⅰ. ①我… Ⅱ. ①刘… ②庄… ③向… ④陈… Ⅲ. ①顾应昌－生平事迹 ②经济史－史料－中国 Ⅳ. ①K825.31 ②F129

中国版本图书馆CIP数据核字(2011)第115936号

我对大陆改革开放与台湾经济建设的建言：顾应昌先生访问纪录

作　　者	刘素芬 庄树华 访问　向明珠 陈怡如 纪录
出版发行	九州出版社
出 版 人	徐尚定
地　　址	北京市西城区阜外大街甲 35 号 (100037)
发行电话	(010)68992190/2/3/5/6
网　　址	www.jiuzhoupress.com
电子信箱	jiuzhou@jiuzhoupress.com
印　　刷	三河市东方印刷有限公司
开　　本	680 毫米 ×970 毫米　16 开
印　　张	15.25
字　　数	167 千字
版　　次	2011 年 10 月第 1 版
印　　次	2011 年 10 月第 1 次印刷
书　　号	ISBN 978-7-5108-1030-5
定　　价	30.00 元

出版说明

台湾“中央研究院”近代史所，从建所至今，几十年来共采写和出版了二百余种“口述历史”。近代史所的学者制定了严格的口述史操作规范，并进行采访和撰写，使类似史料层面的“回忆录”和“纪实”,上升为可供专业人员研究的“口述历史”。他们的访问对象涉及当代军事、政治、经济、文化等各方面的重要人士，请其自述生平，为现代史研究留下了一系列珍贵的口述记录。

九州出版社“中研院近代史研究所口述历史系列”，是上述二百余种“口述历史”的精选集，也是海峡两岸出版交流中心的重点引进出版项目。本系列以简体字出版，对原书注文体例和文字错误进行了必要的订正，并根据原书主题和内容，新拟了书名，将原书的书名作为副书名予以保留，对个别书的文中标题也进行了类似的处理。原版本的丛书弁言和前言，介绍了该丛书的缘起、价值和意义等情况，简体版将其主要内容附于书前。

该书访谈对象的某些政治立场、观点和看法，我们并不认同，但为了保留史料，便于参考研究，在编辑过程中，我们对文中对我党我军的诬蔑性语句和称谓进行了中性处理，内容仍保留原貌；个别之处，有所节略；对于文中一九四九年十月一日以后使用的“民国”纪年，改为公元纪年；对于文中一九四九年十月一日以后的台湾当局及相关机构、职务等，加以引号。本系列图书供近现代史专业读者参考使用，望读者在阅读时注意辨析书中的一些内容。

九州出版社

2011 年 6 月

弁 言

口述历史访问计划，中研院近代史研究所在筹备时期，即由筹备主任（嗣任首任所长）郭廷以拟订进行，其目的在访问当代军事、政治、外交、文教、经济、社会等各方面的重要人物，请其自述生平，为现代史保留忠实而深入的纪录，以备历史学者之研究。自一九五九年十月起迄一九七二年九月止，参加访问工作者先后有沈云龙、王聿均等二十二人，接受访问者七十余人，成稿六十六份，约四百八十万言。

口述历史资料，其重要性不亚于文献档案。民国以还，内乱外患交相迭乘，史料损失，不可胜计。对历史真相的了解，需要参证当事人口述之处甚多，这些笔录，对中国现代史的研究将有莫大的帮助。本所于一九八二年开始征得应访者（或其家属）同意，陆续刊印访问纪录，列为口述历史丛书。一九八四年春在所长吕实强推动下，成立口述历史组，恢复访问工作。

本所访问人员力求应访者尽情畅谈，所成笔录文稿保留口述原意，不予刻意修饰。初稿送应访者校订后视为定稿。惟应访者记忆难免有所疏误，或有涉及价值判断、个人恩怨、政治立场，而纪录或语意不清，印刷或有手民误植，尚祈读者赐函指正。

中研院近代史研究所口述历史组　谨识

一九九四年八月

自序

这本回忆录的出版，完全出乎我的意料之外，因为我认为自己平凡的一生不足以示人。可是最后促成这件事的远因，要追溯到一九五〇年代。那时我们一家人常去美国东北部新罕布什尔州的达特茅斯大学（Dartmouth College ；Hanover，New Hampshire）避暑，主要原因不外乎是为了要避开密执安州立大学的杂务，利用几个月的暑假期间做一些研究工作，以供发表出版；而且该校的图书馆有关经济学的著作收藏也很完整，在暑假中可以很方便地借阅利用；再加上该校的教职员们都愿意廉价出租暑期寓所，相当合理公道，没有增加我额外的经济负担。在这五六个暑期当中，我有幸结识了任教于该校的陈荣捷教授（他也是中研院院士，已于1994年逝世）。陈先生不但学识渊博，而且很有智慧，他一再叮嘱我要写日记，以备将来作为撰写回忆录的根据。他认为我们（他长我十七岁）这一代的中国人既是中西文化冲击下的产物，又能适应美国的环境居留下来，这一段人生很值得记录，因为这在中国历史上是不可多得的经验。虽然每一个人的经历像是一幅拼图的一小片，但是集合许多的小图片，就可以拼成一张完整的图像。可惜我因为忙于教书研究等工作，又缺乏睿智和远见，没有采纳他要我写日记的建议，所以这本回忆录的出版可以稍微弥补我的缺憾。在这本小书中，充满了我一生当做而不做和不当做而做的事，现在回想起来仍然抱憾不已。它或许可以给年轻人提供一个借镜，同时代表我对陈先生以及指引我一生的双亲、师长、友朋们的感谢，并致上最深的敬意。

前言

何谓历史？对于即将迈进二十一世纪的人们而言，历史有何意义？司马迁有云：“究天人之际，通古今之变，成一家之言。”然而不同于过去的私家著述或官方开馆修史，作为一个现代的专业历史研究者，所谓的终极关切何在？这些都是历史学家必须面对的严肃课题。

十九世纪以来，挟着富强的国势声威为后盾，西方帝国主义不但征服了殖民地，也在学术研究知识体系上取得了主流的领导地位。战后这些殖民地纷纷独立成为民族国家，也重新检讨本土传统文化与西方现代文明的衔接问题，知识与权力之间的关系成为重要的研究课题。究竟应该追求西方学术主流的肯定，还是将吾土吾民的声音宣扬于世，遂成为非西方世界的历史学者依违徘徊的两难。一九六〇至一九七〇年代，随着法国年鉴学派的兴起，社会史和人文科际整合的研究取向成为主流。倾听来自社会底层的声音和析论帝国主义统治殖民地的历史，等于研究课题的一体两面。至于如何研究资料稀少的弱势族群，史料的取得与历史书写的形式都有重新考虑的必要。口述历史和田野资料调查因此成为新兴的辅助学科，但也潜藏了不可忽视的风险。

以口述历史为例，其成败的关键，固然系于研究者个人的因素与操作技巧的熟练与否，导致其成果与利用文献史料进行研究的客观性难以相提并论的质疑。但更重要的是，一则个别文化对于口述访问的研究方式影响不一，而且差异极大；再则在这些个别文化观念的形塑之下，可能无法达成原先所欲追求的历史研究的目的。以中国史为例，一般公认传统中国历史是官僚写给官僚看的，“以史为鉴”、“资治通鉴”，都说明史家纪录过去的经验，是为了给后来的决策者提供参考。因此，对于这些社会精英分子的口述访问，遂充满了传统士大夫立德、立功、立言三不朽的理想，不免有隐恶扬善的通病：“为尊者讳耻、为贤者讳过、为亲者讳疾。”历史的真相就在这种文化观念之下隐蔽不彰，也造成统治者的精英分子与被治者的民众之间的隔阂。于是传统中国史观使研究者和叙述者分别失去了读者与听众，既脱离西方历史研究的主流，也使当代史学陷入岌岌可危的地步。不但使口述历史的学术价值备受质疑，也导致研究者对于口述历史裹足不前，不敢轻易尝试，从而错失保存口传史料的宝贵时机，造成无可弥补的损失。

以上是我个人近年从事口述历史工作的一些感想，可是一九九六年和一九九八年夏天，我先后访问邹至庄与顾应昌两位先生，却完全改变了前述的想法。原先我将邹先生的直言不讳归因于个人的人格特质，然而，相对于前者的才气纵横、英气逼人，顾先生的平易近人、明理练达适成鲜明的对比，从而推翻了此一臆测。直到二〇〇〇年夏天，顾先生将本书自题为

《我对大陆改革开放与台湾经济建设的建言》，使我顿然醒悟身为现代知识分子与传统士大夫的差异。由于对自己所受的西方式专业训练深具信心，成为他们立身处世的基础，于己于人有客观的衡量标准，进而做出公允的评价。特别在现代社会分工日趋专精的趋势之下，可以弥补历史学者不足之处正多。

顾应昌先生的访问纪录，最难能可贵之处在于真。唯其真，所以感人，所以深具历史价值。它具体说明了口述历史对于当代历史研究的重要意义，计有下列三点：一是由于现代专业的知识分子打破了过去中国文化隐恶扬善的传统，反映出真实的历史；二是由于专业知识的局限性，使杰出的精英分子也流露出平凡的众生相，形成民众可以接受的普遍历史；三是引进源自西方的专业知识，形成我群与他群、知识与权力的冲突，也导致创新与超越的瓶颈，形成另类的知识社群的底层社会与学术的殖民地历史，从而对于现代人们所面临的全球化与本土化的课题深具启发性。

我们感谢顾应昌院士接受口述访问，并耐心配合审阅初稿。我们也感谢向明珠、陈怡如两位小姊辛劳负责整理纪录的工作。承蒙中研院经济研究所“台湾经济发展决策研究系列”的支持、近代史研究所口述历史小组协助出版，在此一并致谢。

刘素芬 谨识

二〇〇〇年冬于东京旅次

目　录

访问时间：1998年7月6日至7月11日

访问地点：中研院

访问次数：十二次

访　　问：刘素芬　庄树华

纪　　录：向明珠　陈怡如

一、成长与求学

（一）家世背景

我的祖籍是江苏嘉定。祖父讳溶，号晴川，在晚清时曾任职道台衙门，掌理财务事宜。祖父膝下三子，长子为家父，讳维新。以下依次为叔父维炳、维钧。当时现代化的教育已逐渐兴起，私人办学也蔚为风气，上海附近的圣约翰学堂就颇负盛名。父亲原本有机会接受新式教育，但是当时学费昂贵，圣约翰学堂的学费是每月 3 元，由于家境清寒，祖母无力负担，父亲因此错失了接触现代教育的机会。父亲于 1935 年去世（享年 56 岁），当时我只有 16 岁。叔父维钧则较幸运，在完成圣约翰预备学校（圣约翰大学前身）的学业之后，因家里的经济环境改善，所以有能力进入哥伦比亚大学（Columbia University）就读。虽然费用很高，但是叔父认为应该要把握求学机会，所以坚持到美国去留学。他后来取得博士学位，当时家人都不知道博士是什么，只知道这是用很昂贵的代价换来的

祖父与父亲、两位叔叔合影，左起：三叔顾维钧、祖父顾溶、父亲顾维新、二叔顾维炳。

东西。叔父去美国之前，家里要求他先结婚再出国读书。他一心一意想出国，于是就采用旧式的结婚方式，到美国之后再取消这桩婚事，后来他续娶外交官唐绍仪的女儿。

母亲苏氏，讳真，是一位传统的贤慧妇人，她可以自行阅读书籍，但不能用文字表达。父亲早年热心公益事业，曾多次担任嘉定兵灾救济善后会主任，因为嘉定在1920年代是内战必争之地。他曾经与人合伙在嘉定筹办“嘉丰纱厂”。当初创办时，股东讨论纱厂的管理及设备，都主张应该创造一个较好的工作环境，于是决定在纱厂里装设冷气，这个突破使得工作人员的士气大增，生产效率也随之提高。1949年纱厂被政府接收之后，还列为模范工厂。

父亲很重视家庭教育，管教方式很严格。印象比较深刻的例子是，开饭之前我们兄弟姊妹一定要亲自到父母亲的房间请他们用膳，这对现代的人来说可能很不习惯。当时家里的电报文件很多，对外经常以电报公文往来，大约与三叔顾维钧的事务有些关系，我们几个子女就负责翻译电码，但是常有力不从心的感觉，父亲总会严词切责我们的汉学基础太差，以致不能将电码译得流畅贴切。此外，父亲略通中医，有机会就教我们练习开药方。然而药草的种类太多，药性又极复杂，很难立刻学会，所以我们都没有学好。父亲认为中医的药理很重要，希

父亲顾维新

母亲苏真

望我们都能钻研，尤其佩服好友丁甘仁中医师的仁心仁术。丁医师不但经常施予义诊，也常常想办法资助一些贫困的家庭，令乡民感佩不已。父亲受了丁先生的影响，希望我们兄弟三人都能习医，可惜我们对医学并没有太大的兴趣，虽然大家都曾接触过中医，但是最后都没有成为医生。

我对于医理虽无心得，对算术却有浓厚的兴趣。记得父亲曾经教我们打算盘，我在一两天内便学会了加、减、乘、除各种算法。父亲看到我在算术上面表现特殊，起初有些惊讶，后来也觉得很欣慰。父亲的教育观念认为补习教育很重要，所以我们在假日时还得补习。我就读小学时，平日寄宿在学校，周末还得回家接受补习课程，连暑期也要补习，直到上了中学还是如此。

父亲过世时，我连中学都还未毕业，但是已经学着接手管理家里的一切财务收支，前后一共经管四年。在我“管家”的期间，家里的收支始终维持平衡的状况。后来我要到美国深造，临行前母亲给我 1,000 元，以酬答我这几年管账的辛劳。1,000 元是一笔不小的数目，用 3 元国币兑换 1 美元的汇率计算，相当于现在的 350 元美金左右。我对母亲说不需要这些钱，但是母亲很坚持，于是我将其中一部分给家里的佣人，剩下大约200元国币带到美国。因为无处消费，后来不值分文。

我排行第四，有一兄一弟和两个姊姊。哥哥善昌，到美国后即进入西北大学（Northwestern University）就读，后来转到俄亥俄州立大学（Ohio State University），取得硕士学位后回国。他先在中国银行信托部任职经理，再担任上海证券交易所的副经理及经理。弟弟海昌，是美国康乃尔大学（Cornell University）土木工程博士，后来担任（托莱多大学 Toledo University）教授，现已退休。大姊俊琦嫁给胡霖（号政之），他是天津《大公报》的创办人之一兼总经理。《大公报》、南开

1998 年阖家欢摄于华盛顿。前排左起：友人 Kim Wing、顾应昌、次女顾美琪（Margery Bussey）、孙女 Kristy Hitchins、妻顾韦澄芬（Delia Koo）、孙女 Katy Hitchins、长女顾慧琪（Victoria Hitchins）；后排左起：三女顾晏琪（Emily Koo）、次女婿 James Bussey、孙女婿 James Campo（妻为 Kim Bussey）、孙女 Kim Bussey、长女婿 Anthony Hichins。

大学以及永利化学厂在当时号称“天津三宝”。抗战爆发后，《大公报》迁移至上海，大姊和姊夫因此在上海认识。后来战事扩大，《大公报》辗转迁到重庆、香港等地。当时《大公报》人才济济，先后培养了很多专业人才，战后这些人员大多被政府接收。二姊俊良嫁给邱鸿文，他是上海新亚纺织公司的工程师。

我和内人在1943年结婚，育有三个女儿：长女慧琪，她出生时我们寄望抗战胜利，所以把她的英文名字取为Victoria。慧琪在卫斯理学院（Wellesley College）毕业后，到密西根州立大学（Michigan State University）攻读微生物学博士学位。她后来与Anthony Hitchins结婚，现在担任美国海军上尉（captain），负责公共卫生（public health）部门。次女美琪（Margery），于Tufts University毕业后，到波士顿大学（Boston University）攻读硕士学位，从事护理工作。她与James Bussey结婚，James从事电脑设计工作，她也涉猎一些，电脑设计成为夫妇两人共同的兴趣。三女晏琪（Emily），毕业于密西根大学（University of Michigan），再到密西根州立大学取得企管硕士学位（M.B.A.），现在从事电脑程序设计（computer program）的工作。

说起来很巧合，我的内人、长女、三女都是在我任教的密西根州立大学取得学位。1950年我初到密大教书时，正是麦卡锡参议员（Senator McCarthy from Minnesota）在国会中审查共产党及其可疑人物在美的活动情形。我有一个学生是医生太太，因为月考分数不及格，她一气之下就去报告州议员，说我采用萨缪逊教授的经济学教科书，讲授报酬递减率（Law Of Diminishing Returns），有亲共的嫌疑。在当时的美国若不能设法释疑，非但要解职，而且再也找不到其他的工作。幸运的是，所有经济系的同仁及系主任都异口同声保证我的讲义没有问题，当时的校长 John A. Hanan（曾任国防部次长及美国民权委员会主席，Chairman of the Civil Right Commission）再三在州议会中保证我不是共产党员或亲共者，才得以平安渡过难关。所以我对于该校有一份很特殊的感情，也因此愿意长期留任服务。

（二）中小学教育

1918 年 11 月 22 日我出生于上海。我和两个姊姊先就读于竞雄小学（为纪念革命烈士秋瑾而开办的学校，秋瑾号竞雄），不久之后转到圣马利亚女中附设的小学班，后来圣马利亚女中因故关闭，几个学校教员于是另外筹设了卿云女校，我也随即转到这个学校的附设小学。

记得就读竞雄小学时，有一次教书的先生在黑板上写着“某某学生大声讲话”几个大字，某某学生就是我，要打我的手心。我当时很不服气，也的确太调皮，就推了先生一把，结果学校将我开除一天以示惩戒。父亲又急又气，第二天冒着滂沱

1923 年与弟顾海昌合影

大雨把我送回学校。后来我在卿云小学时，有一天和几个同学玩，一不小心将教室的窗户打破了。母亲知道我闯了祸，不但没有处罚我，反而殷殷叮嘱我要小心，让我很感动。学校的汪先生知道我很顽皮，就派我担任“巡路队长”，专门负责维持上、下学路队的秩序。我自从担任“巡路队长”后，觉得很光荣，也就很少再调皮捣蛋。现在回想起来，才明白当初汪先生采取这种“荣誉制度”的教育方式，实在很高明。这些童年时调皮的一面，到今天仍然记忆犹新。

我小时候虽然调皮，却没有因此耽误功课，算术尤其是我特别感兴趣的科目。有一年卿云小学举办九九乘法比赛，班上派我代表参加，在比赛之前三姊不厌其烦地教导我、训练我，使我有充分的准备，也因此得奖。

我在卿云小学的课程还没有念完，家里就遭遇一次空前的大洗劫，财物损失很严重，全家也因此搬到霞飞路。由于附近没有小学可念，只好留在家里读书，但是父亲认为这不是长久之计，于是搬往麦根路。1930 年我转入圣约翰青年会初中附小，次年毕业，随后就读复旦附中（李鸿章祠堂原址，位于海格路上）,1933 年毕业后进入圣约翰大学附属高中(1933~1936)。1935 年我还是一个高二的学生，当时参加为蒋委员长（介石，号中正）“购机祝寿”的乐捐活动，我也掏腰包捐了几块钱响应这个活动。次年发生张学良软禁蒋中正的西安事变，大家都很震惊。我记得当时正在电影院里，听到蒋中正的飞机已经飞离西安的消息之后，立刻从电影院出来，看见很多民众在放鞭炮庆祝他的平安归来。那时候大家都自动自发、全心全力支持蒋委员长的抗日。

此外，高中时代还有一件令我记忆非常深刻的事，我在班上连续担任两年的会计股长，负责处理乐捐收款及班上的财务收支事项。当时我是由同学们推选出来的，大多数的同学对于这件事都没有异议，只有一个人反对用选举的方式推选我出任会计股长，甚至对我拳脚相向，后来他还号召同学们拒付班费，目的是为了对付我，让我们毕业班没有经费可用。最后我采取化整为零的方式，亲自去向同学们逐一收取，过程虽然辛苦，还算顺利。最后全班的班费几乎都收齐了，只有那个反对的人始终不愿意交纳。直到现在，我对于这件事的处理方式依然引以为傲。

（三）就读上海圣约翰大学

1936 年我从圣约翰大学附属高中毕业。我有一个堂哥顾树森在教育部担任普通教育司司长，建议我去考武汉大学。他认为女生应该就读金陵女大，男生应该就读武汉大学。我本打算藉此机会到外地去读书，刚巧身体不适，母亲不放心我只身离开上海，坚持要我留下来。当时上海圣约翰大学（St. John's University）还没有得到教育部的立案核准，所以我先选择沪江大学就读，希望一年之后再转到武汉大学。不幸七七事变发生，中日开战，无法成行，乃

1940 年就读于上海圣约翰大学

回到圣约翰大学就读。1940年毕业后再赴美国进修。在圣约翰大学读书时，因为学校的校区已被日军占领，学校只得暂借租界区的“大陆商场”上课。我在上历史课的时候认识了内人。这一段期间我又再度担任三年的会计股长，并且设计了一本毕业手册，里面详细记载着同学名录、地址及简单传记，很多同学到现在都还记得这件事。

对日战争爆发后，上海首当其冲，接连受到日军严重地空袭轰炸。有一次日军发动大规模的空袭行动，从空中不断地用机关枪扫射民宅，当时我和母亲、姊姊、弟弟等人在家，机关枪子弹从我们家中的屋顶穿过去，我差一点被击中。如今回想起来还是心有余悸，这种经验很难忘。那时候的局势实在太混

1940年阖家欢摄于上海，第二排左起：二姐顾俊良、大嫂、母亲、大姐顾俊琦；后排左起：兄顾善昌、弟顾海昌、顾应昌。

乱，日军又因为叔父顾维钧曾经留宿我们家，特别到家里来盘查。朋友告诉我日军可能会利用夜间搜查我家及扣留家里人，我们都很担心。于是母亲和姊姊先行离去，我和弟弟及佣人暂时留下。因为我家位于上海租界区内，后来租界警察局的官员告诉我，如果日方人员再来，一定要想办法先拖延住，并尽快知会他们，他们会迅速赶来会同处理。我和弟弟虽然害怕，但是母亲和姊姊又不在，只得小心应付，最后总算平安无事。

二、负笈留美

（一）由上海到美国

1940年我离开上海赴美读书，离开时没有取得国民政府的护照，因为国府已经先迁汉口，再迁重庆，仅由海关出具一份简单的文件，所以到美国时并没有护照。我乘坐克里夫兰总统号（President Cleveland），经过一段遥远而漫长的旅程，足足三个礼拜才到达。搭船的经验很不愉快，常常晕船。母亲很高兴我能搭乘克里夫兰总统号，因为大哥也是搭乘同一艘船去美国，而且最后平安返国，所以她相信我这趟旅程一定能够平安顺利。船从上海出发，到横滨（Yokohama）时船长要求我们别上岸，因为随时都可能遭受日军的扣留，于是大伙们在船上度过了一个战战兢兢的夜晚，隔天情势稍稍缓和才继续出发。

当我们的船到达夏威夷檀香山（Honolulu）时，许多人去逛街、购物，刚开始店家以为我们是日本人，都不愿意卖东西给我们，等到我们用上海话说明来意时，他们才恢复友善的态度。夏威夷的草裙舞（Hula dance）很有名，大家想去观赏，但是老一辈的华侨知道后，认为我们这些年轻人要去美国留学，不应该看这类表演，所以不但不告诉我们相关的讯息，更不许我们去看表演。不过我们这些上海人还是很想见识一番，于是大家合出5元计程车费请司机带我们去。大家看了表演之后都直呼过瘾，彼此开玩笑地说干脆留下来，美国也别去了！

我到美国以后在伊利诺大学（University of Illinois）主修会计，我的老师是李特顿（A. C. Littleton），他和 William A. Paton 合著 *An Introduction to Accounting Standards* 一书，这是当时会计学的“圣经”。他对我很好，很照顾我。修了一年课程之后，我已经把会计学最复杂的部分全部弄清楚，老师认为这一门课对我来说缺乏挑战性，建议我转攻别的课程，因此才转而与经济学结下不解之缘。

我在美国留学的期间，二次世界大战正如火如荼地进行，当时大学生极力支持美国对抗日本和德国。有一次我被邀请参加集会，并以参战国的代表之一的身份发表简短的演说。我那时刚从中国出来，没有办法用持平的心情看待日本民族，当我第一次听到罗斯福总统夫人（Eleanor Roosevelt）的广播演说时，她很清楚地表示支持我们抵抗日本，心里很激动，也很高兴。而当时美国另一个重量级人物林白（Charles A. Linberger），却非常反对美国卷入对德战争，让我感到很失望，对他的评价也就大打折扣。我始终认为美国是中国的盟友，应该支持中国抗日。

在美国有很多的结社组织，特别是教会团体，我常常参加这种聚会，和他们交换意见。我们最喜欢谈的话题是国际现况和中国的处境，他们希望我们多发表一些中国的见闻，以及期待美国对中国提供何种具体的援助。我常觉得自己出国前这方面的资料搜集不够充分，训练也不够，不能详尽地为他们分析，这是我最感遗憾的事情。我希望现在留学生在出国之前能够多搜集一些资料，掌握国内的各种脉动，到外国以后才能真正落实国民外交，对国家有实质的帮助。

（二）进入哈佛大学

我先在伊利诺大学念了一年会计学，拿到硕士学位（M. S.）。1941 年再转到哈佛大学（Harvard University）进修。第一年一半时间在哈佛商学院（Harvard Business School）上课，另一半时间则攻读经济学。哈佛商学院没有教科书，完全用实例教学（case method of instruction），学习如何解决实际的问题，很多人觉得这种教法达不到学术标准，我却认为很有意思。麦纳马拉（Robert S. McNamara）当时就在哈佛商学院教会计，我没有上过他的课，后来他在越战期间担任国防部长，卸任后再担任联合国的世界银行总裁。

我对股票和投资课程很感兴趣，也很用心写报告。其中有一份报告我自认为可以拿到最好的成绩，结果老师只给我 B+，他认为我的投资分析过于偏重快速成长的股票（growth stock），做法不够稳健、平衡，投资应该要注意分散风险。他说我没有经历过美国的经济大萧条（Great Depression），以致分析的时候太过大胆。我因此学到教训，人必须靠经验累积一些东西，不能只靠学习，只是年轻的时候难免胆子较大。

举一个小故事为例，我和陈荣捷教授（他任教于 Dartmouth College，也是中研院院士，专攻中国哲学）熟识，他在退休之前请教我应该如何投资理财，我建议用退休金的 20%买债券（bond），剩下的 80%买股票（stock）。他接受我的意见，后来股票在 20 年之内持续上涨，陈太太很感念我的建议，总是提醒陈荣捷要特别向我致谢。其实我那时候所做的建议只是运气好、胆子大而已，如果换成现在，我会建议投资比例应该调整为 40%的债券和 60%的股票。这是我自己投资退休金的比例，也是基于经验累积的看法，年轻时所建议的 20%和 80%的投资比例是太大胆了些！

近年美国有很多人讨论社会安全基金应该如何投资的问题，有人主张投资公债，优点是稳定性高，缺点则是利息较低；也有人赞成共和党总统候选人小布什（George W. Bush）的主张，将一部分基金投资股票，获利虽然比较高，但相对的风险也比较大。社会安全制度最主要的目的就是提供人们退休以后的基本生活保障，应该以安全为优先考量。所以社会安全基金如果投资股票，投资比例如何决定？由谁负责？这些都是很重要的问题。我们不能假设每个人都按照理性的标准去投资，“理性选择”纯粹是经济理论的假设，实际上一般人的投资行为根本不可能完全理性，所以社会安全基金的投资问题应该慎重考虑。

当时哈佛大学经济系主任是钱伯雷教授（Edward Chamberlain），我告诉他想攻读博士学位，他问我法文程度如何，我答说在伊利诺伊大学时已经通过考试。他再问我是否仍然可以读法文书，我答说可以。他说既然如此，要我不须准备，再考一次。我只好答应，准备了半年才去应考。我后来才知道他之所以如此要求，是因为他娶了一位法籍夫人，对法文极为精通。当时我们经济系里有几位教授很值得介绍，例如韩森教授（Alvin H. Hansen），讲授景气循环的财政政策（Fiscal Policy and Business Cycles）。他在 Littauer Center 的经济系教室及办公室内设有财政政策的图书室，准许我们学生自由进去阅读，结果这些藏书在一年之后多半不翼而飞，他也无所谓，并不在乎书被学生偷走，他这种作风让我印象极为深刻。他对中国学生很好，常常请我们去他家做客。第二位是熊彼得（Joseph Schumpeter）教授，他很嫉妒凯因斯（John M. Keynes），认为凯因斯理论（Keynesian Theory）并不适用于战后的英国及世界情势。熊彼得最有名的理论就是长期经济发展，早年讲学的重点都在阐述这个学说。

至于李昂铁夫（Wassily Leontief）教授，他自俄国逃到中国，并曾在南京铁道部任职。他找了很多外国学生帮忙研究投入—产出（input—output）分析，其中包括一个很杰出的中国学生浦山在内。第四位是哈伯勒（Gottfried Habarler）教授，也是我的指导教授。他的著作甚夥，其中最有名的是《繁荣与萧条》（Prosperity and DePression）和《国际贸易理论》（A Theory of International Trade）。当时 Frank W. Taussig 教授担任系主任，他也教授国际贸易的课程，替系里征选师资，芝加哥大学有一位著名的国际贸易学者 Jacob Viner 也有意角逐，但 Taussig 教授最后选了 Habarler 教授，令我印象很深刻。另外，P. Usher 教授讲授经济史，他的专长是技术变迁（technological change）。还有 John H. Williams 教授，他最擅长货币学，讲课风格总是带有批判性。这种作风比较不受学生欢迎，因为缺乏自己的创见，虽然评论意见很重要，但是必须经过仔细研究，而不能只偏重批评。

（三）博士候选人资格考试

在哈佛求学时，有一个博士候选人资格考试（comprehensive examination），没有笔试，全程口试二小时，由四位教授分别发问。四位教授的专业领域各不相同，名单也不会事先透露，所以应考的学生都很紧张，似乎一生的命运就要取决于这场考试的成效。应考的学生在考试之前很早就到处打听，请教有经验的同学，希望能分享他们的考试心得。有一个朋友告诉我考试的诀窍，如果某一位教授所提的问题我会解答，就要尽量答得慢一点、多一点，让那位教授没有时间再往下问，但是必须给每位不同领域的教授都有时间发问。口试的会场总是摆满许多茶点，只不过我们考生都没有心情品尝。其实教授们也都很了解学生的心态，在考试进行之前总不忘提醒我们，在我们所坐的位置上曾经坐过许多学界的名人，他们也曾在同样的地点接受测验。为了让考场的气氛稍微轻松一些，教授们还会说些小故事来缓和现场的气氛，当然这样做并不会真正让我们感到轻松，反而觉得更加紧张。我考试时用了朋友教我的方法，当教授准备接着问其他问题的时候，我就说刚才的题目还没有回答完，里面还有很多地方值得探讨，所以我就继续讲下去，教授也没有再问。我牢牢记住这个技巧，最后顺利通过考试，现在回想起来还是犹有余悸。

就在我应考之前的一个星期，有一个美国学生也参加这个考试，他就不如我幸运。他的口试委员之一就是韩森教授，所问的住屋（housing）问题和该生当时研究撰写的论文有关，而且只针对这个问题一再发问，刚好这个部分该生并不熟悉，结果没能通过，只得重考一次。我觉得很不公平，因为韩森教授并没有给他机会回答第二个题目。和他比起来，我只是因为掌握了考试的技巧而得以顺利通过，而那个美国同学第一次考试虽然没能通过，但事实上他很优秀。通过学科考试之后，我很高兴，因为已经取得博士候选人的资格，觉得以后的命运就掌握在自己手上，确立了人生的方向。

（四）在哈佛的生活

我毕业于上海圣约翰大学，当时哈佛大学大部分的中国留学生都是北大和清华的毕业生，领取公费留学的奖学金（当时的公费生包括留美公费生和留英公费生两种），很瞧不起我们几个从上海来的自费留学生，认为我们只是来玩玩而已。后来我才发现中国留学生有南北之分，北方就是以北大和清华两个学校为主，这两个学校的学生都很自负，使我感到中国南北有很大的差异存在。这些公费留学生的年纪较长，我是自费留学，所以年纪较轻。

哈佛大学邻近麻州理工学院（Massachusetts lnstitute Of Technology, M. I. T.），该校几乎都是理工科的大学本科学生，社交活动很多、很活跃。因为哈佛主要是文、法科的学生，年纪也比较大些，M. I. T. 的学生就喜欢开玩笑说我们是老头子，社交能力很弱。我对这种说法很不服气，为了打破这个迷思(myth)，于是邀了有车的室友王念祖（N. T. Wang)，两人开车到卫斯理女校，到了第一宿舍门口随便捏造一个名字，说要找Mary Wang。舍监（house mothers）查了名册之后告诉我们宿舍里有许多中国学生，但是没有这个人，还拿了全校住宿生的名册让我们查对，我们趁机把那份名单抄下来，就按名单到各宿舍找人。那时候就读卫斯理的中国学生并不多，一听说有中国同学来找，就下来和我们见面，我们先自我介绍，并且聊一会儿。我们利用这个方法，把在卫斯理住宿的十八位中国女学生全都认识了。以后每逢开舞会，我们哈佛留学生约到的女孩总是比 M. I. T. 的中国留学生多，终于找到机会报了“宿仇”。当时我很年轻，觉得这样做很好玩，但是同学们都不以为然，觉得我这么做实在很调皮。

自从我出了这个点子之后，同学们甚至要我别再管中国同学会的会计事务，改为担任康乐股长，于是我就“改行”了。担任康乐股长之后，我经常要接送女孩子参加舞会。那些女同学中有很多都是华侨子弟，当时华侨多半在美国经营餐馆事业。每次我去接女学生，她的家人必定先“盘问”我一番，而且是哥哥、爸爸、妈妈轮流盘问，包括我家里的情况如何、在美国的情况如何等，全都问过之后，才让女学生出来。我当时觉得很奇怪，只是去参加一个舞会，怎么有这么多道“关卡”？后来才知道原来他们的家人担心我们中国来的留学生没有诚意。因为曾经发生老一辈的华侨到波士顿的中国领事馆，抗议留学生的社交心态只是玩票性质，不够诚意，要求领事馆管理这些留学生。这是当时老一辈的华侨对我们留学生的观念，其实我负责这件事很辛苦，因为当时战争期间汽油都是配给，平日不能随便浪费，必须节省两个礼拜的汽油，以备接送之用，只为了能让中国来的男士有机会遇到年轻的小姊。我的观念是，既然女学生的家人把这个担子放在我身上，我就一定要负起责任，所以虽然辛苦却也很有意思。

我们的社交活动很多，但是也有很强烈的国家意识。举例而言，在抗战期间中央政府被迫迁都到重庆，政府因为运送战时物资的需要，从缅甸、云南到四川修筑一条很长的滇缅公路(Burma Road)。这一条补给线可以说是当时中国政府的生命线，非常重要。可是每次卡车从缅甸运到重庆的物资很有限，原因是滇缅公路太长，很多重要的物资在运送的过程中就已经消耗掉不少，等到运抵重庆时已经所剩无几，如汽油。我得知这个情形之后，特别去请问教授应该如何解决问题。有一位哈佛商学院的教授对交通运输很有研究，他认为这是因为整条滇缅公路缺乏补给站的缘故，应该在沿路设立加油站、补给站，才能大幅增加滇缅公路的运输量，对战争有实质的帮助。我听到这个建议之后，立刻找人写了一个很详细的计划书，准备交给我们的政府官员，但是不知道应该如何递交，于是交给华美协进会（China lnstitute of America，为一教育文化机构）的负责人，他专门负责中国留学生和奖学金的事务。这份报告后来是否发挥作用我们不得而知，但毕竟尽了一份爱国心。

写完论文之后，我的指导老师 Habarler 教授问我是否要留在美国，他想要介绍几份很好的工作给我，希望我考虑。他特地把抽屉打开，里面全是一封封的征才信函，提供了很好的工作机会，他愿意帮我推荐。可惜当时我要回中国的想法很坚定，并不考虑留在美国，于是答说想回中国。他只好慢慢把抽屉合上，我想他一定很失望。现在回想起来，我当时的做法并不妥当，实在很愧对我的指导教授。

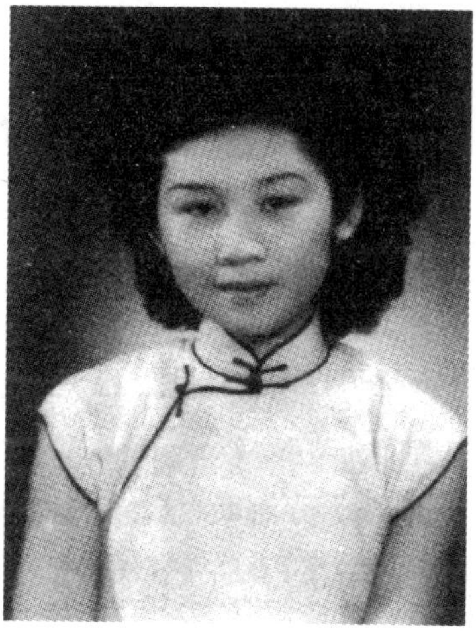

1937 年妻顾韦澄芬（Delia Koo）摄于圣马利亚女校毕业

1943 年我和内人结婚，我们两个人都有奖学金。1944 年长女出生，我需要一笔钱来支付养育小孩的开销，大约 300 元。由于我手头上没有那么多钱，所以打算离开学校另外想办法，就去向系主任哈里斯（Seymour Harris）辞行。哈里斯教授不希望我中辍学业，要我去向学校的会计单位周转。我到了学校的会计室，办事员给我 300 元，我问他是否要写借据，还有利息如何计算。他说不用写借据，也不用计算利息，因为这些钱都是由某位人士捐助，专门给学生周转用的，什么时候归还都可以。这笔钱向来只会增多不会减少，因为学生归还的时候，通常会多还一些。我毕业做事之后，领了第一份薪水就归还这笔钱，除了原来借的 300 元之外，并且自动多还一些。这笔钱帮助了许多有急需的学生，让他们可以渡过难关，不致因故耽误功课，更不会迫使经济有困难的学生中途辍学。我觉得这种做法很好，自己就是一个受惠的例子。学校在我有急需的时候帮助我，让我很感动，对校方也怀有一份感恩的心理，将来有钱之后也会捐赠回馈母校。

三、任职旧金山联合国制宪会议中国代表团

（一）中国代表团

在完成论文之后，但尚未取得学位之前，恰好有一个空当，我就利用这个机会，参加旧金山联合国制宪会议“中国代表团”（Chinese Delegation）的工作。这是我第一次接触外交事务，纯粹是为了打工赚钱。当时战争还没有结束，由美国发起的世界性组织——联合国（United Nations），就在旧金山会议（San Francisco Conference）中决定设立。联合国设立之后，全世界有许多国家相继加入，而《联合国宪章》先由美、苏、中、英四强起草，再由各国代表团联合开会决定，中国代表团就是其中之一。当时旧金山最有名的旅馆是霍金斯旅馆（Mark Hopkins Hotel），过去中国人不准住宿该座旅馆，可是到了 1945 年，中国已经成为世界强国之一（拥有安理会否决权，veto power），中国代表团的成员之一邝先生（Mr. Victor Kwang）是当地华侨，坚持要求该旅馆接待中国代表团，于是

中国人第一次得以住进霍金斯旅馆。

我在中国代表团里负责文件管理工作，每天早晨八时以前必须准时将文件送达每位代表（共有十位）及高级外交官员的办公室，以便他们在九点开会之用。我们这个小组共有三位成员和一位主管。主管是张紫常，他是派驻洛杉矶的领事。其中有一个组员是驻美大使魏道明的秘书，他的业务很忙，经常往来大使馆和中国代表团两地；另一位组员是孙中山先生的孙子孙治平，他本身的事务也很忙，主要是处理华侨事务。所以小组之中真正有时间投入业务的，就只剩下张紫常和我两人，如此一来传送文件的工作就完全落在我身上。不过张紫常很客气，他说既然剩下我们两人，就轮流分送文件，于是第一天我送，第二天换他送，令我很感激。在中国代表团参加旧金山会议的几个月之内，我们的文件没有一天晚送或遗漏（例如李璜代表还要求法文文件，因为他是留学法国的），这是我们感到很自豪的一件事。

中国代表团的成员各党派都有，也包括无党派的代表。其中比较著名的有吴贻芳（金陵女子大学校长，无党派）、宋子文（外交部长，国民党）、顾维钧（驻英大使，无党派）、魏道明（驻美大使，国民党）、李璜（留法，社民党）、董必武（共产党）等人。共产党本来要派周恩来为代表，因为周恩来很能干，又有演说天分，国民党有所顾虑，最后才让共产党派董必武为代表。

中国代表团最后顺利地结束预定的议程，他们认为那一次会议的文件分送整理得以顺利进行，张紫常的功劳很大，特别在会议结束时提到他的贡献。我知道外交部必定会奖励酬答他，而他最想要的职位就是驻旧金山总领事，于是当时我就说政府一定会派他接任总领事的职位，他自认为不可能，结果战争一结束政府就让他接任新职，可谓如愿以偿。张紫常对我很好，为了酬谢我这几个月的辛苦，邀请我从旧金山坐火车到洛杉矶他家住几天，招待我到处游玩。可是我有家室在波士顿，不方便长期旅行在外，结果他替我向代表团申请从洛杉矶飞波士顿的机票，让我可以放心接受他的招待，我很感谢他。后来他调回台湾，也在台湾退休，每次我回台湾的时候都会去拜访他。

在中国代表团工作的期间，我们都住在旅馆里，用餐也不用付费，只要签个名就行了，我都是留在旅馆里用餐，几个月下来也节省不少伙食费。但是有些人经常到旅馆外面用餐，一方面因为他们有薪水津贴，大约一个月300元美金；另一方面当地华侨也很乐于宴请中国代表团，有各个公所及广东各地的同乡会等招待。他们觉得宴请外交官是件很光荣的事，尤其是单身年轻的外交官。我当时已经结婚，当地又没有顾氏公所及江浙同乡会，没有被邀请的机会，所以经常一个人在餐厅用餐。特别值得一提的是，董必武（1945年代表中国共产党参加旧金山联合国制宪会议，并签字）的秘书王先生和陈家康也经常一起用餐，他们是因为共产党员的身份而没有被邀请，因此我们三人有较多的机会交谈。陈家康说他的全家被杀害，连自己的姓名都是捏造的。他是资深的共产党员，并告诉我一些有关共产党的事，他后来被派任为驻埃及大使。

吴贻芳是中国很杰出的女性政治家，自己身体力行从事国民外交工作。她原来有两个女助手，但是她们都有自己的家庭要照顾，所以每当周末时吴贻芳就会特别忙碌，一个人要应付所有的公务，经常都是电话不断地联络事情。这些电话大概都是来自美国的妇女团体、教育团体、教会团体等。因为我在周末时没有特别的事，年纪又轻、力气也够，就经常充当她的临时助手（unofficial assistant），帮忙跑腿做事。中国代表团常在周末观赏歌剧，大约有 20 张免费门票，通常是从宋子文往下排列的前 20 名重量级人物才能得到，自然轮不到我。但是吴贻芳常把她的门票送给我，所以每次到剧院观剧时，其他的人都觉得很奇怪我居然也有招待券。1949 年共产党取得大陆的政权后，吴贻芳仍然继续她的教育事业。1970 年代末期她来 Ann Arbor 接受密执安大学颁赠的荣誉博士学位，我打电话问候她，她对中国的前途非常兴奋而乐观，并邀请我有空的时候回“新中国”去看看。她的口才很好，令我印象非常深刻，也很佩服她的爱国心。

在旧金山会议闭幕典礼上，各国代表团将要对讨论议案及宪章全文付诸表决，这也是最后一场会谈，我很想参与盛会，但是我和张紫常没有入场券不能进入会场。后来他想出一个办法，因为主管发入场券的议事组想要一份完整的文件，派人到我们的办公室来取文件。张紫常没有交给她，只请她转达上司说我们的文件不能让别人随意翻动，否则就会弄乱，一旦我们处理好之后自然会送去。她的上司得知我们要亲自送文件，也没有办法。然后张紫常就打电话告诉她的上司："我们把文件整理好就送去，可是会议闭幕典礼即将到来，我们想要参加，却连入场券也没有。"过了几分钟之后，张紫常就接到他打来的回电，参加闭幕式的两张入场券已经准备好了。这件事让我了解到政治手腕原来是这么一回事，我们必须用对方需要的文件才能交换入场券！

闭幕式的表决方式是用起立代替举手。本来大会预料已经没有问题了，可是就在表决的前一分钟，苏联的代表葛罗米科（Andrei A. Gromyko）却举手发言，说苏联代表团对于宪章及决议案还有所保留。当时大家的心情都很紧张，眼看联合国宪章就要表决通过，但是葛罗米科却很冷静地发言表示异议。他走到讲台上，拿出预先准备好的文件，一一念出保留意见，足足有 15 分钟之久。大家都觉得苏联很过分，可是也无可奈何。当然最后《联合国宪章》还是通过了。隔天杜鲁门（Harry S. Truman）总统在会场发表专题演说，可惜我没有入场券无法去听，难免有点遗憾，但是能够如愿以偿参加前一天《联合国宪章》的通过及旧金山和会的闭幕式，见证历史性的一刻，已经感到很高兴了。

各国代表团参加旧金山会议时，依据不成文的规定，通常由地主国的外交部长担任会议的主席，这是当时的外交礼节，所以基本上在开会期间应该都是由美国外交部长担任主席。可是 1945 年苏联已经是全世界最强大的国家之一，苏联代表团不愿意接受这个成规，莫洛托夫（Malenkov K. Molotov）表示旧金山会议并不是茶会，各国代表团不用客气，应该轮流担任主席，并且形成常规，主席一职不应该由地主国专擅。后来大会决议采用轮流的方式，从此打破主席由地主国垄断担任的局面。

事实上在各国代表团开会之前，本来决定先由中、美、英、苏四国的代表拟好联合国宪章的草稿，再送到大会讨论，但是苏联代表反对，主张应该先由苏、美、英三国进行会谈起草，然后再由中、美、英三国讨论。这个局势表明苏联对中国的轻视，中国就无法在平等的地位上及时发言，这是我们当时的国际外交处境。

（二）远东委员会

旧金山会议结束之后，我就回哈佛大学取得博士学位证书，然后到华盛顿申请护照准备回上海。在哈佛大学这段期间我遇到宋子文当年的同学张福运，他后来因为宋子文不得意就离开了，当时他回到哈佛大学担任访问学者。他原先攻读法律学位，后来从事与关税有关的事务，知道我研究国际贸易，就要求我学成返国后帮忙他整理我国关税。这是一件很重要的事，因为中国在战前关税没有完全自主，所以战后要将关税税率全部重订，我口头上答应了他。我到华盛顿的中国大使馆去拿回国护照时，在中午休息时间巧遇王守竞先生。他是北大物理系的教授，和资源委员会的主任委员翁文灏先生熟识，翁先生请他担任中国机械厂的厂长。战后宋子文要他负责物资供应委员会的在美采购事务，同时他也是主管对日索赔的负责人，所以他需要一个经济方面的专家帮忙。他看了我的护照申请表后，得知我的专长领域是经济学，就问我是否愿意帮忙，是公费或自费留学。我答说自费。他说自费留学也是用国家外汇，正当国家需要用人的时候却不出力就是一种“逃兵”的行径，要求我帮忙。我说已经答应返国帮忙张福运，他就说他去向张福运商量借调我。本来我们说好我只帮忙三四个星期，结果一帮就是整整四年。

二次世界大战结束之后，日本战败，所以关于日本的接管及赔偿等事务就变成很重要的国际问题，必须立刻解决。1945年12月，由十一个国家组成一个专门处理日本问题的远东委员会（Far Eastern Commission）。这个委员会的主要任务之一就是决定有关统治日本的政策。这十一个国家在华盛顿的日本大使馆开会，原则上在各国讨论之后便将开会的决议送交美国的外交部、国防部、参谋本部，最后再送到驻日盟军总司令部（Supreme Commander for Allied Powers in Japan），交给总司令麦克阿瑟（Douglas MacArthur）将军执行。本来的法定程序应该如此，但实际上麦克阿瑟拥有极大的权力，他在有关日本的问题上握有最高的决策权。

远东委员会有十一个会员国，下设七个工作小组，分别为第一小组（赔偿委员会，Reparations）、第二小组（经济委员会，Economic and Financial Affairs）、第三小组（法制改革委员会，Constitutional and Legal Reform）、第四小组（强化民主委员会，Strengthening of Democratic Tendencies）、第五小组（战犯审判委员会，War Criminals）、第六小组（在日外侨委员会，Aliens in Japan）、第七小组（日本裁军委员会，Disarmament of Japan）。王守竞即主管第一和第二小组，因此我就参与中国代表团的对日索赔与经济事务工作。赔偿委员会的成员除了王守竞和我之外，还有一位钱家骙，他是驻法大使钱泰之子。由于中国在战争中所受的损失极大，赔偿问题对于中国来说相当重要。当时为了估计中国在战争中所遭受的损失，需要很多的数据资料来证明，以便拟出赔偿比例，我必须找到这些相关的参考资料。可是当时中国虽然结束了长久的中日战争，却又卷入另一场国民党和共产党之间无休止的内战。在这兵荒马乱之际，要取得战争损失的资料很困难。我为了完成这个艰巨的任务，就找从前在哈佛的同学胡光泰和谭崇台帮忙。我们到美国国会图书馆（Library of Congress）找资料，并很快据此研究出一些具体的建议，提供中国代表团作为参考。我在寻找资料时，一再要求我们的代表团去电外交部要求提供有关中国损失的资料，而外交部总是没有提供什么有用的资料。我当时因为年轻，去电时措词颇为不当。后来外交部派次长来美，大使馆开了一个欢迎会，请他演讲说明国内的近况。在开会时他首先询问谁是顾应昌，我当时起立致敬。他说代表团所发的电报他都看过，接着就问在抗战时，政府由南京迁到武汉、再由武汉迁到重庆时，我在何处。我答说这期间在美读书。他说难怪我不了解，当时逃难，上有飞机炸弹，下有敌人追兵，在兵荒马乱时生命危在旦夕，许多资料难免不全。我听了他的解释，当场就向他道歉。

在赔偿委员会的讨论过程中，中国代表团决定订出一个损失赔偿的分配比例，不计算损失总额，而主张用百分比的方式来分配赔偿。中国提出 40%的赔偿比例。问题是各国提出的百分比加总起来远超出 100%，于是所有会员国同意由美方提出全盘分配比例表，总加起来是 100%。当我们和美国代表进行会商时，英国方面派了两名女子坐在会场后面记录我们的谈话，我知道以后非常生气，从这件事可以看出英国外交人员的做法。在赔偿委员会工作期间，经常有一些社交应酬，饭前常到酒吧喝酒，我一向不会喝酒，但是为了工作需要还是配合，付钱的方式是每人付一次。如有四个人一起同行，就要买四次酒，所以每回都要连喝四五杯之多。日后我改行教书时，还和学生开玩笑说我是为了国家才学会喝酒的。

经济委员会的事务包括日本的土地改革、解散财阀等。我大部分的时间都花在经济事务的工作上。美国希望日本帮忙对付苏联，因此在对日索赔问题上诚意不足。此外，赔偿牵涉太广，一方面要顾及维持日本的基本国力，另一方面也要考虑降低美国协助重建日本的成本（Cost of Occupation）。据说美国政府曾指示驻东京盟军统帅麦克阿瑟，若美国必须为日本付出的代价太高时，不惜拒绝远东委员会的任何决议。赔偿问题之复杂可见一斑。

赔偿问题无法解决，便决定以“临时拆迁”（interim removal）代替赔偿。日本投降之前，苏联大军进入中国东北，日本要求苏联转告美国，表示愿意接受无条件投降，只希望能保留天皇制度。但苏联并未向美方转达日本的要求，反而进入中国东北拆迁大批机器。

苏联任意拆迁在中国东北的日本工厂，使赔偿问题更加复杂。英国提出苏联既已拆迁东北的日本物资，其所得的赔偿百分比应该降低；美方则要求苏联提出拆迁物资账目。但苏联以“红军的战利品”为由，拒绝提出拆迁数据。最后杜鲁门总统派遣他的好友培里（Edwin W. Pauley）为代表，率团到东北考察，详细记录拆迁的数量和金额，做成一份完整的报告。他们估算苏联大约拆走了三十至四十亿元的物资；并派飞机从空中照相，发现很多拆迁物资丢弃在西伯利亚铁道旁。苏联即使用不着的物资，也不让中国利用。英国则认为战后日本在中国东北和内地原本就留下很多的物资，在赔偿时应予计算在内。

在远东委员会中有三件事让我觉得颇有成就感。第一件是法国要求中国偿还在越南发行的军用票。法国代表团提出中国军队在越南发行军用票利用越南物资，要求中国支付2,500万元美金给法国。法国驻美大使馆的代办来看我，我义正词严地厉声责问他，中国与日本打仗时损失浩大，法军在哪里？法军在二次大战对远东的贡献为何？法国代办满脸通红，无言以对。隔天法国代表晋见顾维钧，提及此事，顾大使答称此乃顾应昌的业务，他既已说不能支付，我们也无法处理，于是轻描淡写地将此事推掉。

第二件是关于中国驻东京大使馆的重建。中国驻日大使馆被联军炸毁，中国代表团在东京向美方提出修复要求，但麦克阿瑟将军拒绝，但也不清楚理由何在。中国代表团要我承办此案，我去美国外交部打听拒绝重建的理由，得知美方怕增加支出经费而反对重建，因此我认为如果修复的费用、人力、物料均利用日本当地的物资，应属可行。美国国务院认为此一要求很合理，因为符合美国降低经费的原则，即下令东京照办。

第三件是关于永利化学厂的拆迁。永利化学厂在江苏浦口有一个大厂被拆迁到日本，经我争取，得以将该厂再拆迁回浦口，可是有两个问题必须解决：第一，日本人将永利工厂拆迁到日本后亦增加不少零件和装备，美方拒绝将这部分装备给永利公司，而侯德榜先生认为日本在拆迁时损坏很多装备，并且在1946年各地物资缺乏时不易购置补充这些零件，要求美方将整厂运返浦口。中国驻日代表团向美方提出交涉，不得要领，于是将此事转到在美的远东委员会代表团。王守竞先生嘱我办理。我与侯先生联系，让他将其工厂之设计图带来，一共有五六大匣之多。我即陪同侯先生及其工程师二人前往美国国务院远东司副司长办公室。很幸运在数日前美国杜鲁门总统发表演说，主张美国应协助各国战后重建，首先由小工业家开始

(small business men)。到了副司长办公室后，我请侯先生将所带的设计图及文件全部放在办公桌上，并请他解释设计内容。那位美方办事人员随即表示无此必要。接着我再说明侯先生就是美国总统所要帮助的小企业家。结果美方人员说现在已明白事情的原委，不日即将下令东京美军办事处办理。

第二个问题是如何将拆迁物资运回中国。美方说是中国的问题。当时太平洋海域的船只运输均由美国控制，没有商务船只，于是我向王守竞请示。他根据过去的经验想到每艘船一定有备用空舱，于是向美方要求利用船舱的空位载运拆迁物资，如此将永利整厂拆迁回国又不花分文。此事本为驻日代表团的职责，但是当时为了驻日大使馆的重建问题，中美双方代表争执不已，于是由华盛顿中国代表团从中代为协调，得到完满地解决。事后侯先生也来函表示谢意。

赔偿分配比例牵涉到国家的实际利益及面子问题。中国认为二次大战除了美国之外，当属中国贡献最大，要求40%的比例，而大部分的国家同意给中国22.5%，中国立即表示绝对不接受。美方则以非官方（unofficial）的方式建议给中国25%，但我方仍表示不满意。中国的底线为何，当时外交部给我们的指示也不明确，要我们自行解决。我认为多争取一分是一分，于是在1947年5月28日下午和钱家骙到赔偿委员会美国代表团的负责人巴涅特（Robert Barnett）的办公室去协商。他说中国最多不能超过29%，因美方不日将提出最后的百分比表，美国无法减少其他国家的百分比而增加中国的百分比。我们仍表示不能接受29%的决议。他表示会和我方外交部沟通，要我们先行回去。我和钱家骙要巴涅特马上给我们一个具体的承诺，要求美方重新考虑中国的百分比，否则绝不离开。巴涅特和我平日谈笑风生，今日见我态度如此严肃，心想一定是得到外交部的新指示。我们待在他的办公室直到下午6时30分左右。他的夫人（我们和她也是平日往来的好友）先打电话来说时间已很晚，过了家人吃饭的时间。巴涅特说中国的代表仍在他的办公室不肯走。于是他的夫人带着子女来找他，小孩在办公室哭闹不休，他急着赶快回家，不得已便答应我们会要求美方代表团重新考虑。结果最后从美国本身的求偿部分挪出1%给中国，中国因此得到30%的赔偿分配。当时美方误以为我们得到外交部的指示，非争得整数不可。

我和巴涅特很熟，两人平时常在一起吃饭聊天。有一天他打电话找我，要我到他的办公室去。见面之后，我看不出他有什么事要和我谈，觉得很奇怪，因为没事他一定不会打电话叫我去看他。离去之前，他帮我拿大衣，送我到电梯门口，替我把大衣披上，在电梯门关上的刹那，他说："这可能是最后一次看到你代表你的政府来国务院。"当时我不知其所以然，回去之后便告诉谭绍华公使，他分析说："不在办公室内告诉你，一定是怕有其他的人听到；不在路上而在电梯口告诉你，是怕你追问详情，这其中可能有重大的变故。"他察觉事态不妙，立刻报告大使，打电报回国告知美国可能要承认中国共产党政府，届时日本赔偿及所有中国政府在美国的资产都将归中共所有。

不久之后美国发表中美关系白皮书，中美情势逆转。

我在远东委员会中国代表团担任临时雇员，没有正式的外交官身份。我的月薪是350元美金，没有其他的津贴。相对于正式的外交官，他们除本薪之外，都有津贴，而且津贴还高于本薪。根据中国税法，津贴部分不必缴所得税，所以我付的所得税比大使还要多。除了待遇比正式外交官差之外，其他许多外交官可以享受的优惠，我都没有。例如我在国务院没有停车位，还是透过警卫屡次查证才通融我暂时停在外交官的车位上。此外，外交人员每年接受白宫的邀请招待，我也不能参加。后来中国代表团想要把我提升为二等秘书，但是外交部反对，因为正式外交人员必须到南京接受训练。当时的外交部长是王世杰先生，后来我在台湾看到他时向他报告这件事，他说有好几位驻外人员都因为面临同样的问题而因此离职。到1949年时，中国局势不稳，员工薪水常常迟付，我对外交工作也感到纸上作业大于实际成效，没有成就感，于是开始寻找学校教职的工作。在我离职之前，外交部答应给我简任专门委员一职，但我毫无眷恋，毅然选择离开。

我在代表团中深受谭绍华公使倚重。他做事十分仔细，我送上去的文件他都要一一确认，常常在晚上十一点接到他的电话，要我去他家讨论隔天需要的资料。由于他对我的倚重，也让我错失了到纽约参加联合国大会的机会。联合国每年九月开会，驻美大使从大使馆及代表团中轮流挑选人员到纽约去参加开会三个月，这对代表团的人员来说是很大的福利，因为有三个月的出差，外加津贴，很吸引人。有一次大使馆提了四个人的名单给谭公使，一般情形之下是一个礼貌上的表示，公使不会否决大使的名单，但谭公使唯独将我的名字画掉，说不能放我去。因此我在代表团任职五年，从来没有机会参加联合国大会。这件事让我深刻体认到一个人做事太过认真，以致于老板无法让你片刻离身，并不是一件好事。这也是让我更加下定决心要离开代表团的原因。

我在外交圈中结交了很多朋友，对刚从学校毕业出来的我很有帮助。我和巴涅特交情很好，后来他被麦卡锡委员会调查，要求我帮他作证，我义不容辞地答应。事实上，他和很多美国人一样，并不是亲共，而是基于同情弱者的心态。巴涅特后来建议我写一本关于日本赔偿问题的书，或两人合著。但我认为最后中国并没有得到实质上的收获，任职远东委员会的那段往事对我而言痛苦大于成就，不想再回顾。1998 年 6 月为了接受这次访问，我特地到美国国家档案馆查阅关于日本赔偿的档案（现已公开），在巴涅特的报告中果然记载着 1947 年 5 月 28 日我和钱家骙造访他，替中国争取提高赔偿比例一事。

很多人质疑远东委员会赔偿委员会到底如何运作。因为针对日本赔偿问题所组成的委员会有好几个，彼此之间的联系工作没有互相配合，所以才会出现许多问题。我主张应该集中权责，由在华盛顿的远东委员会发号施令，而不应该由在东京的代表团负责谈判。因为下层的负责人员根据上层的命令去执行，行政体系上下之间比较不易发生争议，而且没有上层命令的指示，下层也不会擅自行动，所以我认为采用行政体系解决的方式最好，否则只会徒增美国重建日本的经费。同时我国派驻在东京的外交人员都不太了解美方外交和国防的机构是如何运作的，但是在华盛顿远东委员会的我们却很清楚，可惜我没有机会到东京去，而东京的驻日中国代表团也没有派人来，两边衔接不上，才会造成双方因为联系不良所出现的问题。由此也可以看出远东委员会中国代表团的重要性，因为它可以直接和美国的最高当局商量讨论。但是中国的外交部却认为在东京的代表团就可以解决问题。事实上东京根本无权解决很多问题，一定要向华盛顿请示才有结果，因为只有美国最高当局才可以发布指示。但这种情形也可能是受到派驻东京的盟军总部声势显赫的误导所致。当时没能做好中国驻华盛顿和东京的两个代表团之间的沟通联系工作，我觉得很可惜。

回顾当时的驻日代表团、远东委员会、旧金山会议，中国都曾经在国际上发挥了举足轻重的影响力，但是国内国共势力的消长变化对于中国未来的发展有更深远的影响。国共两党长久以来都是处于白热化的竞争状态，就连在代表团里也不例外。根据我的观察，从 1943 年到 1945 年之间共产党没有什么实力，共产党派董必武担任旧金山会议的代表其实并没有发挥实质的作用。至于两党之间是否另有一些秘密的会谈行动，我就不清楚了，因为当时我只是一个小职员而已。可是等到战后谈判日本赔偿问题的时候，新问题就出现了。原因是赔偿的机器设备要立刻进行拆迁，我们希望越快越好，可是国共正在内战，情势很混乱，结果机器虽然拆回国去，但全部丢失了，根本没有办法建厂，更谈不上运转。

我在外交部门工作的五年期间，生活相当紧凑，也很充实。等到日本赔偿问题告一段落之后，代表团即将取消，而我也面临另一个人生的抉择。虽然我是外交部的临时雇员，不是真正编制内的外交官员，但是想要留下来变成正式的外交人员也不困难，只是考虑这份工作不是我的本行，更没想到一转眼之间就已经在外交部待了五年，经过仔细考虑之后还是决定转换跑道去教书，而没有选择继续留在外交界发展。顺道值得一提的是，我在外交部服务的这几年，和叔父顾维钧可说是同行，但是和他见面的机会很少，即使见面也没有多少时间交谈，他对我是否要往外交方面发展没有表示过特别的意见，而是尊重我的选择。现在回想起来，我毕业之后没有立刻选择继续教学研究，而到外交界去工作，实在有点可惜。因为在我的论文中有许多题目都可以改写为学术文章发表，而五年的外交生涯却令我错失良机。

四、教书生涯

（一）初任密西根州立大学

1949 年我想重回学术界，于是回哈佛大学找 Habarler 教授帮忙介绍教职。他帮我介绍的第一个工作是宾州大学华顿商业管理学院（Wharton School, University of Pennsylvania），这所学校以运输、商业管理等著名。事前经济系主任来函告知他接到 Habarler 教授的推荐函，邀请我去该校，会见地点在教授俱乐会（faculty club）餐叙。那天有好几位教授参加，每人都问了一些相关科目的问题。饭后系主任请我到他的办公室，告诉我助教授（assistant professor）的年薪九个月合计 2,700 美元，暑期无薪，并当场问我是否接受。我说要与内子商量后决定。在回程途中，我反复计算年薪 2,700 美元无论如何都不够用，因为在华盛顿任职时月薪 350 元，一年薪水 4,200 元，一家四口刚好够开销，于是拒绝应聘。后来我到密西根州立大学教书，有一位同事得知这件事，他说能够到宾大教书是一种荣誉，根本不应该计较薪水多寡的问题。我才发现原来每一个人看事情的角度差异有多大。

我的第二个工作机会是密西根州立大学，系主任甚至没有经过面试就答应给我年薪 4,000 元。我还特别打电话问他是否需要面试，他说因为 Habarler 教授的推荐信写得太好了，不用再面试。我问他如果仍想去学校看看如何，他说这要自费负担，结果我还是自己花钱带着全家到密西根州立大学看一看环境，便从 1950 年起正式在该校任职。

密西根州立大学是美国第一个由政府提供土地的学校（land grant university），有其特别的重要性。密大之所以成为第一个土地大学有它的历史原因，因为林肯（Abraham Lincoln）担任总统的时候，美国政府还很穷困，林肯为了使美国兴盛发达起来，主张从教育着手，结合知识教育与农工生产一起发展，特别是农业。他的目标是每一州设立一个土地大学，这些学校主要的任务就是帮助农民和小工业者改进技术、改良品种以增加产量。联邦政府之所以会设立土地大学，最主要是因为开办大学的经费不够，于是给这些学校很多土地让它们去开发，算是联邦政府给各学校的补助。因此密大拥有很多土地。

土地大学的传统就是鼓励学生和教授走出校园，去做推广服务（extension service），内容包括品种筛选、农场管理、农业机械应用等。我初到密大时，常听到校长强调我们身为土地大学的重要性，那时候很不以为然，认为我们应该效法哈佛大学，提高学术水准才是要务。但是现在很同意这种说法，若是没有当年的土地大学，也就不可能有今天的美国。

美国有两类不同的州立大学：一类如麻州理工学院，开始是土地大学，现在已演变成私立性质，经费必须自筹；另一类如康乃尔大学，一部分是私立，另外一部分仍由政府供给经费，如农学院。所以虽然各州都有州立大学，但并不是所有的州立大学都是土地大学。例如密执安大学，它和土地大学最大的不同就是没有农学院（Agricultural College）、兽医学院（Veterinary School）、人文生态学院（Human Ecology College），可是密西根州立大学就设有这些院校，而这些学院也就成为土地大学的最大特色。

虽然我选择在密西根州立大学教书，不过当时仍然有些犹豫，刚巧那时候内人因为生病留在华盛顿，而我自己也比较偏好到东岸的学校任教，同时哥伦比亚大学也提供我一个教职。不过最后我还是拒绝了，我觉得自己对密西根州立大学始终怀有一份深厚的感情，所以决定继续留任。

我刚开始教书的几年之间就得到许多研究奖助。从 1953 年开始我得到社会科学研究委员会（Social Science Research Council）的奖助。该委员会提供社会科学学者从事数理方面的研究。我连续几年（1953~57）暑假到 Dartmouth College 进修数理经济学，遇见很多著名的经济学家，如 Jeffery Moore、Solomon Fabricaut、Milton Friedman 等，因为他们每年都到新英格兰（New England）地区避暑。

我去 Dartmouth College 的时候住在教授的公寓里，因为他们通常会到别的地方去避暑，所以把房子出租，租金很便宜，我常带内人和两个女儿一起去。那里最大的好处就是可以写文章，一方面该校图书资料很多，另一方面暑期借书的人不多。整个暑假时间也够长，所以大部分的时间我都用来写作。另外，我安排孩子们参加城里的活动，她们在当地结识了其他经济学家的子女，例如 Friedman 教授的儿子 David（Friedman 教授在 1963 年到台湾来访问，那一年我的女儿正好在东海大学就读。东海大学的校长吴德耀是哈佛的校友，我和他商量让女儿来做一年的特别选读生。暑假的时候，就由女儿带 Friedman 教授到处参观，充当临时翻译员）。还有在该校任教的陈荣捷教授一家人也和我们很熟识。

1957 年有一个数理经济模型理论班（mathematical models for social scientists）在史坦福大学（Stanford University）举行，我也去参加。与会的人都很有名，如 Arnold Harberger，他担任美国经济学会（American Economic Association）主席；Hirofumi Uzawa，还有主持人 Lional Makenzie 等。我也在此认识许多新朋友。

1956 年至 1957 年我得到福特基金会的奖助（Ford Foundation Grant）去普林斯顿大学（Princeton University）研究访问。普林斯顿大学是赛局理论（Game Theory）的发源地，最先研究这个课题的是约翰·冯·诺依曼 John Von Neumann 和 Oskar Morgenstern 两人，前者是数学家，后者是经济学家。他们两人合写《赛局理论与经济行为》（*Theory of Games*

1957年与家人摄于普林斯顿大学，左起：次女顾美琪、顾应昌、妻顾韦澄芬、长女顾慧琪。

and Economic Behavior）一书。该校有一个赛局理论的研讨会（Seminar on Theory of Games），我也参加他们的讨论会。有一次讨论一篇文章“Theory of a Reluctant Dualist”。这篇文章刚发表在《美国经济评论》（*American Economic Review*, AER），作者是Daniel Ellsburg。他是一个天才型的人物，在哈佛大学就读时就很优秀，被选为“哈佛大学年轻院士”（Junior Fellow of Harvard University）。“年轻院士”此一头衔代表极大的荣誉，由学校提供全额的奖学金，只要专心研究，不用上课，也不用

参加考试，还可以到各所大学去游学。许多院士如 Samuelson、James Tobin 后来都得到诺贝尔奖。不幸 Ellsburg 后来窃取美国国防报告（Pentagon Paper），并将其发表，目的是想要促成越战的提早结束。

Ellsburg 研究赛局理论，曾参加普林斯顿、哈佛、史坦福等很多学校的研讨会。他这篇文章的主旨是说赛局理论没有用处。开创赛局理论研究的 Morgenstern 就在普林斯顿的讨论会上说这篇文章写得不错，但是也有一些问题，要我们大家讨论。我当时太年轻，就很不客气地指出他误解赛局理论。Morgenstern 觉得我有些过苛，因为 Ellsburg 不久前也曾到该校选读他的研讨会课程，于是要我写一篇文章说明。我答应了，并且在撰写中得到 Morgenstern 的鼓励和指正，后来发表在《经济统计学评论》(*Review of Economics and Statistics*)。我写这篇文章的时候没有考虑太多，所以措辞过分严厉，把 Ellsburg 批评得一无是处。Ellsburg 看到这篇文章后，曾到普林斯顿大学找我，但那时候我已经离开了，没有和他见面。他告诉别人说顾某人的批评重点是 gamemanship，而不是讨论 Theory of Games。不久之后我就看到他写的评论在同一期《经济统计学评论》上发表，内容都在指责我的不是。总之，我去普林斯顿的目的并不是要写这篇文章，纯粹是因为当时年轻气盛，一时的好胜心兴起，答应 Morgenstern 的要求所造成的。如果换成现在的我，行文时遣词用字就不会那么尖锐了。

1962 年夏天我去檀香山。我和同事 John Hazard 组成一个顾问团（consulting group），帮忙当时共和党籍的夏威夷州长奎恩（Governor Quin）竞选连任。夏威夷州刚成立时，州长由总统指定，后来也要开始竞选。当时奎恩想要推动檀香山成为太平洋的营运中心，我们帮他写了一个详细的计划书。我们在草拟这个计划书的时候，每天的工作都很紧凑。当时夏威夷大学已经放暑假，适逢七月四日美国独立国庆日，所有的门窗都关闭，我要爬气窗才能进入办公室，再把门打开。我们就这样在办公室赶写报告。据说夏威夷大学从来没有人在暑假的时候去上班工作。我们用三个月的时间完成报告，然后交给奎恩。我们对这份报告感到非常满意，但是最后奎恩没有当选，因为整个夏威夷都是民主党的天下，结果我们的报告也就随之石沉大海了。后来 Hazard 告诉我太平洋营运中心的计划被另一个民主党籍的州长付诸实行，是否果真如此，我就不得而知了。民主党政府不用自己人的计划，反而采用共和党的计划报告，反之亦然，政治就是这么回事。总之，我们三个月的辛苦贡献没有人提过。

在密西根州立大学任教，有两三件事情让我印象特别深刻。其中一件就是 1962 年学校派了三个学生去参加全国数学竞赛（National Mathematics Competition，这是每年固定举办的全国性比赛），得到第一名。我的邻居正好担任领队，他带学生去参加比赛得到最好的成绩，可是校方对这件事却没有任何表示，也没有庆祝活动。不像球类比赛获得优胜，不但大肆庆祝，同时还特别颁发纪念奖牌，并钉在足球场的围墙上以示鼓励。虽然我也忝为校方体育委员会的委员之一，但我仍然认为校方不应该有这么大的差别待遇，于是写了一封信投书在学生报纸上，说我们的数学比赛得到这么优异的成绩，应该和足球比赛一样，也颁置一个奖牌纪念，并且号召大家集资认捐一个奖牌挂在图书馆，我自己首先捐了五分钱作为倡导。

学生报纸刊登了我的去函，并且说我这个主意不错，但是提醒我五分钱只够买一个口香糖，不过正好可以用来将那封投书黏在图书馆的墙上。我想多说无益，就此打住。很有意思的是这件事的后续发展，这个消息经 Associated Press 和 United

ARCH OF NICKELS' PLAQUE--Commemorating the first Big Ten victory in Putnam mathematics competition, this plaque (center) honoring Robert E. Greene, second from right, Richard D. Freeman, not shown, and Fredrick J. Gillman, second from left, was installed in the University library lobby Thursday morning. President John A. Hannah, right, joined Dr. Anthony Koo, initiator of the plaque idea, center, and Dr. Leroy M. Kelly, the mathematics team coach in recognizing the team members.

State News Photo by Mark Krastof.

1962 年密西根州立大学设置 Putnam 数学竞赛优胜纪念奖牌，左起：领队 Leroy M. Kelly、成员 Fredrick J. Gillman、倡议人顾应昌、成员 Robert E. Greene、校长 John A. Hannah（转载自 *State News*，1962 年 6 月 1 日）。

Press，刊登在全美的报纸上，全国各地的校友纷纷写信给校长，表示学校若没有经费设置奖牌，他们可以捐钱。校长室每天都收到校友写来的信，校长窘得不得了。有一天我接到校长室打来的电话，说校长邀我隔天去图书馆，我也不知道有什么事。第二天到了图书馆以后，才发现墙上已经挂了一个奖牌，包括校长在内的很多人都在场，另外有很多媒体摄影记者。校长一见到我，特别把我叫到人群中间去合照，同时向记者说明这个奖牌的由来。后来常有学生开玩笑说我因为这件事变成一个大红人了。其实这是一件小事，谈不上什么贡献，可是现在想起来还是觉得很有意思。不过从那一次以后，学校如果得到任何荣誉，都会颁置奖牌作为纪念，我当然很支持这种做法。

（二）转任密执安大学

我在密西根州立大学任教的时候，总认为该校地点太过偏僻，很想换个工作环境，而我多年来一直很希望能去东部发展，这是我的心愿，所以 1964 年我接受了哥伦比亚大学的教职。我离开密西根州立大学以后，先去纽约住了一阵子，为的是能够实地了解当地的环境。我住在河滨一栋很大的哥伦比亚大学公寓宿舍，每天晚上七八点开始运货的大卡车即接二连三由纽约城外开进城中区，加上川流不息的外卖餐点送货，人来人往热闹得很。这种生活方式对我造成很大的困扰，河滨公路进城的车辆很多，我躺在床上都觉得震动不已，很难入睡，所以一住进去就觉得周围的居家环境不好。此外，还有一个很严重的问题就是纽约的治安很差。朋友劝我回家的时候千万别开车，因为附近根本没有车位停车，最好的办法就是搭乘计程车，而且下车以后一定要仔细观察周遭，看是否有人跟踪或躲藏，等到确定没有问题以后，就用最快的速度进门，千万不能在外头逗留。我听了以后，心想自己个子不如洋人高大，万一出状况很难应付，心里七上八下，不知如何是好。

当我了解这些情形之后，心里开始犯嘀咕，重新仔细考虑究竟是否要去哥大任教。老实说我的确不喜欢纽约的环境，内人也不喜欢。除了居住环境和治安问题以外，还有两个顾虑使我不去哥大，一是子女的就学问题，另外一个就是纽约的社交活动太过频繁。我的子女不能在公立学校就读，只能读私立学校，但是私立学校的学费很贵，对我来说是很大的负担。校方知道我的困难后，愿意帮我负担一半学费，可是剩下的另一半费用对我来说还是负担太重。加上我的姊姊和许多亲戚朋友都住在纽约，他们时常来找我聚会，我觉得这样会干扰妨碍研究工作，长久下去势必对我的未来影响很大，所以决定不去哥大。

刚做出这个决定的时候难免有些踌躇，不过留在哥大确实有许多生活上的困扰，后来在密西根大学任教的朋友 Warran Smith 打电话给我，他听说我在找事的谣言。我说是有几分真实。他说既然已经做了决定，就不要再犹豫，但也不好再回任密西根州立大学，建议我不妨去密执安大学。我接受他的意见，辞去已接受的哥伦比亚大学教职，转去密执安大学任教。

我在密执安大学任教三年，教学生活还算平静。我仍和以前密西根州立大学的老同事经常保持联络，例如前系主任 Robert F. Lanzillotti 经常来访，每次见面除了闲话家常外，总是不忘劝我回去。他三番两次地邀请我回去，这种盛情让我很感动，也很难拒绝，我不得不重新考虑这个问题。基于我对密大始终有一份浓厚的感情，我最后还是接受了 Lanzillotti 的邀请，再度回到待了十几年的密西根州立大学继续任教。

这中间还发生了一段小插曲，就在我离开密西根州立大学转到密执安大学去教书的时候，我特地写了一封辞职信给密西根州立大学，表明我正式离职。可是没想到密西根州立大学系主任因为不愿意我离开而没有将这封信交给校长，所以没有公布。在密西根州立大学有不少是密执安大学的毕业生，他们注意我的辞职事件，并时常报告母校。由于他们在报上没有看到我的辞职信，结果密执安大学误以为我身兼两校教职，校方认为如果我不愿意放弃密西根州立大学的教职，就不应该到密执安大学来任教，我的行为简直就是藐视该校。我觉得很冤枉，因为事实上是密西根州立大学的作业疏忽，并不是我的过错。不过我想最主要的原因还是他们的优越感作祟，密执安大学的人相当自负，自认为无论是所居住的城市（Ann Arbor），或是任教的学校都是全国第一流的，所以才会误以为我不辞退密西根州立大学是藐视他们。其实密执安大学和其他的大学比较起来，自我膨胀的优越感太过夸大，何况我根本没有藐视该校的意思。无论如何，最后我还是选择离开了。

（三）重回密西根州立大学

我参与校园体育有关的活动，也是很有意思的经验。美国的学校都很重视体育运动的发展，当时包括威斯康辛（Wisconsin）、密西根（Michigan）、爱荷华（Iowa）等几所著名的大学每年都举办大型的体育竞赛。这是各校很重要的活动，尤其是篮球、足球等比赛最受重视，各个学校无不倾全力支持。事实上举办球赛是很花钱的，每个学校都希望能赢得比赛，学校也可以藉此赚取办学经费。校方唯恐体育人员的权力太大，于是由五名教授组成的体育委员会（Athletic Council）就很重要。委员拥有很大的权力，所有的体育活动都由他们策划，有权决定教练的人选，而教练的好坏又是球队成败的关键。此外，委员可以得到全年免费的入场券（足球、篮球、曲棍球等比赛一季的门票就要价百元以上），每年还可以享有一次免费到足球比赛地点的来回机票、住宿、餐饮等优待，因此每个教授都想加入体育委员会，我也不例外。

学校的体育委员会炙手可热，大家都想争取，可是委员名额只有五个，形成激烈的竞争。体育委员的产生照例是先在全体教员中选出六名，再由校长从这六人的名单里圈选二位，成为正式的委员，任期是二年。我好几次都入围六人名单，但是最后都没被校长圈选中。有一年我在经济系的同事当选校长，圈选我担任委员。当时体育委员会执行长（athletic director）是Douglas Weaver，他在报上看到委员名单有我觉得很奇怪，因为以前的委员多半都是足球、篮球之类的专家，我不是这方面的人才，怎么会被选上？在名单发表后第二天他来看我，见面第一句话就问我以前有没有参加体育活动。我说我每天游泳，他说这不算一回事。得知我也没有任何指导体育活动方面的经验后，他很有技巧地说："我们以后要经常彼此互相学习。"意思就是要我向他学习，只是不明讲。我也应酬式的答应他一定如此。

体育委员会每隔几个星期就要开一次会，第一次开会Weaver就提出一道难题。他说我们学校的足球队每次出去比赛都输，输了球就没有人想看，对学校的影响很大，我们应该如何解决这个问题。我立刻举手发言，他看到我举手吓了一跳，因为他认为我根本不懂体育，怎么还敢发言。我说："足球教练是你找来的，你的责任最大，一个人犯一次错可以被原谅，但是同样的错误再犯第二次就不可以原谅。"他问我该怎么做，我说："找一个过去纪录、表现都很好的教练代替现在的教练。万一新来的、有口碑的教练还是不能让我们赢球，那时输球的责任就不在你了。"他一听觉得很有道理，就接受了我的建议。

我虽然提出许多建议，但Weaver并不是每次都接受，例如足球赛的门票价格。一张足球赛门票平时大约为 28 至 32 元美金，但如果是两个实力很强的球队比赛时，例如密西根州立大学对密执安大学，一张门票就可以高达 100 元。很多学生和投机者就会利用这个机会赚钱，大量收购门票，然后再到底特律（Detroit）以高价卖出，造成门票的黑市问题越来越严重。我认为要解决这个问题，学校应该将一部分门票拍卖，多余的所得用来作为学生的奖学金。可惜 Weaver 不接纳我这个意见，因为这个办法不利于学校做公关。可是现在这个办法已经部分付诸实行。

报上经常刊登有运动员滥用药物的消息，所以我主张对足球队员进行药物测试（drug test），但是 Weaver 认为兹事体大，

1989 年退休，密西根州立大学成立顾应昌研究室以表扬对该校的贡献。

并不赞同。他还说服校医支持他，并说其他著名大学的球队也不赞成测试。可是我认为药物测试是我们学校自己的决策，不用理会别的学校做法如何。在委员会开会时，他请来反对测试的医生发言，并没有邀请赞成我的意见的专家出席，等于是一种不平衡的讨论。我的主张得到体育委员会中一个学生代表的同意，他认为应将不同的意见提出来，然后由委员会决定是否要做药物检测，他也要求 Weaver 在下次开会时务必邀请几位赞成检测的医生发表意见。可是另外一个教授代表觉得大事不妙，马上提议这个问题是否可以延至下次再讨论，其他委员也随之附和，因为他们知道下次开会时我已经卸任，不会再有意

1999 年获密西根州立大学颁赠荣誉校友奖

见了。一年后我已经不再担任委员，但是得知体育委员会通过了药物测试的办法，还是很高兴。让我更高兴的是，后来美国中部前十大（Big Ten）的著名大学也全都实施这个药物测试办法。

除此之外，我对学校的女子足球队（Varsity Women Socker Team）也曾稍尽心力。我在体育委员会里提议由学校补助女子足球队经费，因为此项运动逐渐流行，学校当局应该领先提倡，不宜落在他校之后。但是遭到 Weaver 反对，他认为这支球队不赚钱，不应该补助它。我说不赚钱的队伍很多，应该逐一评估再做出决定。Weaver 不敢这样做，因为体育委员会从来没有做过评估工作，何况校方和每项运动的教练都订有契约，一旦异动必定会酿成很大的风波。Weaver 知道我一定会投赞成票，他没有把握其他几个委员的意见是否和我一样，所以就提议延至下次再讨论。理由当然又是和药物测试一样，因为等到下次开会我早就不在委员会了。一年后他们打电话告诉我，我的建议已经获得支持通过，我听了当然很高兴。

以上是我在教书生活之外所参与的一些校园活动，这些事情让我在美国中西部的学术圈以外，也小有名气。例如美国中西部名人榜（*Who's who in the Midwest*）就登载了我的名字和事迹。我退休之后，学校成立了顾应昌研究室（Koo Seminar Room）来表扬我对学校的贡献，令我有受宠若惊的感觉；1999年校方又颁赠我荣誉校友奖（Honorary Alumni Award），对我来说是件很光荣的事。回顾经济系的同仁对我无微不至的关照和爱护，我感到很安慰，也特别感谢密西根州立大学给我的荣耀。

（四）1950年代密大的回忆

我去密大教书后过几年刚好越战（Vietnam War）爆发，不久美国就组成了越南顾问团（Vietnam Advisory Group）来协助越南。顾问团的成员有很多优渥的待遇，不但薪水加倍，而且免税，还可以出国，很多人趋之若鹜，我有不少朋友参加。当时有人劝我也参加，但我想趁年轻时多读书、做研究，所以选择留在学校。密大之所以有很多人参加这个顾问团，是因为二次大战结束后越南发生第一次政治动乱的时候，第一任总统吴廷琰被迫来美国避难，他在这段最不得意的时候来到密大，担任校内的研究助理（research assistant, Bureau of Government Research），因此他对密大有一份非常深厚的感情。后来越南独立，但是经济方面仍有困难，美国政府采取积极明快的援助行动，包括组织顾问团。吴廷琰特别指定由密大的 West Fishel 教授率领顾问团，所以密大才会有许多人参加。Fishel 教授和我私谊很好，一直劝我参加，但是我从来不考虑。后来很多人批评越南顾问团，说它的经费都是由中情局（CIA）支付，而且美国从一开始就不应该卷入越战，最后把顾问团的名声弄得很坏。这种结果当初谁也没法预料，不过我很庆幸当时没有参加越南顾问团。

当时除了援助越南的顾问团之外，还有另外两个大计划也很吸引人，一个就是援助巴西计划（Brazil Projects），另一个是援助土耳其计划（Turkey Projects）。这两个计划也吸引了很多人参加，也都赚了不少钱。但是我还是认为教书和研究工作比这些事情重要得多，不应该浪费时间，我一个也没有参加。越战最后打不下去了，很多人都骂美国是自讨苦吃，事实上这些骂政府的人很多都是当初参加援助计划的人，赚钱的是他们，责备的也是他们。他们都说我没有参加这些援外计划有先见之明，其实我觉得自己只是比较幸运而已。

在1950年代美国还是普遍存在种族歧视，我就亲身经历过。1955年的时候，我手头上已经有点积蓄，打算置产买房子。内人知道有一栋空房子要出售，就去找房屋中介商量。那个中介商刚好是我的一个同事某教授的夫人。据同事告诉我这房子在出售中，但他的太太却告诉内人说房子早就卖光了。我当然知道她说谎，因为我们已经询问过，确定还有空房子，可是她偏不让我们看这个房子，显然她对中国人有歧视。

后来我决定自己买一块地来盖房子。我在学校附近的Okemos小镇看中一块地，整个社区环境还不错。我很喜欢那里，就准备动工。在我之前没有中国人住在Okemos，社区里附近的邻居听说我要盖房子，都有些紧张，因为他们对中国人有偏见，就连银行（National Bank of Michigan）也不肯贷款给我，对我的申请案尽可能地拖延。我虽然知道中国人的处境不利，却也不愿意就此放弃，这家银行不肯借钱给我，我到另一家银行去借，相信总有办法可以解决问题。不过我的好朋友李绍昌博士（在我去密大之前他是学校里唯一的中国教授）提醒我在那里盖房子要特别小心，曾经有一个日本人也在那里盖房子，房子没盖好，墙歪了，结果卖不出去，损失很大。他建议我慎重考虑，一再说中国人在这里盖房子很容易吃亏。我很认真地告诉他我有办法处理。于是我请第二个银行的人帮我介绍当地最诚实的建筑师，他们答说没有这种人。既然如此，我就请他们介绍当地最有名、最可靠的建筑师。这位建筑师的口碑很好，他的要价比其他建筑师贵了 2,000 美元，我认为房子盖得坚固最重要，宁可多花这笔钱，就当做是保险费也值得。邻居知道我找这位建筑师也都放心了。没有多久我的房子就盖好了，也成为第一个到 Okemos 盖房子居住的中国人，现在已经有很多中国人住在那里。

很多人以为美国各方面都很好，其实并不尽然，它有很多不完美的地方，我亲身体会过种族歧视这种不愉快的经验就是一例。可是很多年轻人不知道，他们以为美国没有人权（human rights）问题，就连克林顿总统（Bill Clinton）也大言不惭地这么说。曾经有人问过克林顿美国是否有人权问题，他说因为以前蓄奴是合法的，在美国有很长一段时期允许合法贩卖黑奴。但是我的朋友说：“克林顿没有说实话。”因为美国过去不知屠杀了多少印第安人，根本没有所谓的人权可言。即使现在美国号称是最现代化的国家，也还有很严重的种族问题存在。

此外，政治迫害也是人权问题之一。例如早年在密执安大学有一位克来恩教授（Lawrence R. Klein）曾经一度是共产党员，该校因而解聘他。他在美国找不到工作，后来只好到英国去。1970年代密执安大学校长授予Klein教授荣誉博士学位，并对当年的行为致歉。Klein教授在麻州理工学院时就与我熟识，所以邀我参加他的授位典礼前的晚宴。在宴席中我预言他将来会得诺贝尔经济学奖，并说假如有一天他得了，密西根州立大学得以100元美金的酬劳邀请他回来演讲，他一口答应。后来他果然得了诺贝尔奖，我也邀他来密西根州立大学演讲，但酬劳是否为当初我们约定的100元美金，就不得而知了。因为当时密西根州立大学的经济系主任是Klein教授当年在该校的再传学生，我不好追问酬劳金的数字。

五、学术研究

（一）开始研究著述

我在 1946 年取得哈佛大学的博士学位，但是直到 1949 年才发表第一篇论文。一般学术界都公认刚得到学位的时候是发表文章的最好时机，可是当时我根本不知道教书、作研究是怎么一回事，因为我的家人、亲友都是在上海经商，没有人知道教授是什么，而我也从来没有想过有一天自己会成为教授。等我发表第一篇论文《进口需求的所得弹性与贸易条件》（“Income Elasticity Of Demand for lmports and Terms of Trade”）（*American Economic Review*, September, 1949）后，才觉得自己应该早点动笔著述，毕业之后那几年的时间被浪费虚掷实在很可惜。

我的研究课题很多，其中实务性的题目常与大环境的变迁有关。例如我在 1960 年有一篇文章讨论汽车工业的经销商与制造商的关系（“A Theoretical Note on the Dealer-Manufacturer Relationship of Automobile lndustry”），选择这个研究题目一方面是因为一般人都把研究焦点放在厂商与厂商之间的竞争关系之上，多半以最终产品为讨论对象，没有人进一步讨论在产品的制造过程中经销商与制造商的关系；另一方面也是因为当时美国正面临这个问题。基于这两个研究动机，我开始尝试分析，先从理论层面着手，然后再用数据证明。文章发表之后反应不错，很多人都鼓励我继续研究相关的问题。

我在 1967 年写过一篇书评《世界支付制度》（“Toward a World Payment System”），当时世界支付制度是一个很重要的议题。在世界贸易体系当中，日本从未放弃试图以日圆作为强势货币的支付手段，希望能像英国一样成为世界或亚洲金融中心，可是一直没有成功。主要原因是它对于资金进出的限制太多，事实上在日本这种充满政府干预的制度之下，很难建立世界性的支付制度。此外，日本的经济成长也没有获得国内人民的完全信赖。一个国家能否成为世界金融贸易中心，最重要的关键就是信心，连日本人都对自己国家的经济发展没有信心，才会造成现在（1998 年 7 月）日圆持续贬值的局面。通常我们观察一个国家的贸易水准可以从两个角度出发：一是贸易账（trade account）；二是资本账（capital account）。日本在贸易账方面一直都是处于出超的状态，但是资本账部分却出现严重的外流情形，原因就是日人对日圆没有信心，资金大举外流到美国，形成日圆走贬、美元超强的态势。资金本身具有高度的敏感性，所以一国的政治、经济一旦出现危机，就必然会有大量的资金外流。现在很多国家的资金都流入美国，这并不表示美国的经济情况良好，而是因为美国的情势比较稳定。

另外一篇和所得分配有关的文章是《契约承包制—从计划经济过渡到市场经济》（“The Contract Responsibility System—A Bridge of Transition from a Planned to a Market Economy”）。这篇文章写于1990年，主要讨论大陆的“契约承包制”问题。大陆从计划经济过渡到市场经济以前，都是采取公社制（Commune System），强调所得平均分配，直到1980年代赵紫阳访查农村，首度提出所谓“契约承包制”的观念，希望藉由经济诱因的方式来激励生产。文章的论点并不是从探讨财产权出发，而是用经济诱因来设计契约承包制，主张生产者在缴交国家赋税之外，应该保有剩余的生产利益。例如他上缴国家的部分是100单位，从第101个单位以后的盈余都归属于生产者个人所有，可以自由处分、运用。这个制度的特色是在价格设计上采取所谓的价格双轨制，分为官定价格和市场价格两种。我在文章中详细分析了价格双轨制度的风险和成效，并用数学方法证明这两种价格终将合而为一：官定价格将逐渐消失，最后只留下市场价格。基本上“契约承包制”的设计是为了要弥补共产主义计划经济所最缺乏的经济诱因，希望藉此逐步过渡到市场经济体系。我提出这个看法的时候，有很多人持反对的意见，他们担心契约承包制会造成严重的贪污和腐化，既容易图利特权阶级，而且会付出高昂的社会成本；特别是对于我在文章中假设没有特权阶级存在的论述深表质疑，认为过分理想化。我认为任何一个学术研究都有它的论述基础，读者可以从各种角度去评论，大家的意见不尽相同，这篇文章只是提出一个大陆从计划经济过渡到市场经济的基本构想和规划。

我的另外一篇文章《要素供给和所得分配的变迁与所得移转的问题》（“Change in Factor Supply, Income Distribution and the Transfer Problem”），主要探讨所得分配的问题。这篇文章本来是和几位同事合作研究，不过他们渐渐对此不感兴趣，最后只剩下我一个人终于把它完成。研究这个题目的时候，我们向世界银行（World Bank）要来各国贷款计划的资料进行分析，可是分析的结果与原先理论推导的预期结果有出入，后来才发现是资料有问题，只得重新分析，等到确定无误以后再发表。因为所用的统计推估办法比较简单，结果不能算很精确，所以只能说是初步的分析推测而已。其实我一向不大重视分配的问题，总是认为应该设法增加经济大饼的分量才是根本的解决之道，强调如何分配是比较消极的做法。尽管如此，分配政策还是有它阶段性的重要意义。我现在正在研究开发中国家如何加速发展的问题，探讨的重点就在于此。开发中国家的经济发展与所得分配的问题曾引起很多人的注意，例如费景汉（John Fei）就深表关切。台湾经济发展的成就即建立在分配平均和教育普及这两个政策的基础之上，我认为这两个是最关键的因素。当然政策背后的思想、制度、人民的意志也是不可或缺的配合要件。台湾经验基本上就是由经济政策、儒家思想、强有力的政府、人民的勤奋共同努力促成的结果。

除了自己写文章，我也喜欢和朋友合作。例如我曾和梁庆椿博士（Dr. C. C. Liang）合写一篇有关投入—产出（input-output）的贸易文章。这个题目是我在哈佛求学时就很娴熟的课题，后来梁博士提供我很多资料，由两人合作完成。我觉得和别人合写文章可以更加认识对方，这类的合作经验让我觉得很愉快，所以我有许多文章都是和朋友合作，尤其是系里的同事。我也因此深入认识很多系里的同仁，同时也很清楚系里各方面的发展。每次系主任询问我们的意见，例如一个审查案是否应该通过，我都能很快地回答。他很好奇地问我有何秘诀，我说我和系上的每位同仁始终保持不断的对话。在我的教学生涯当中，类似的情形很多，让我受益匪浅。

在学校里我们每个人都有一个办公室，因为我有很多篇文章都是和同仁合作，所以常有机会去串门子，彼此聊一聊或谈一谈研究计划。每次去同事的办公室，总是习惯性地问一句："你现在进行什么研究？"然后开始谈研究，后来话题越来越广，不但谈研究计划、学校活动，同时也包括妻子、孩子等家庭琐事。一旦养成习惯以后，几十年来我都常去同事的办公室聊天。后来我被选上担任咨询委员会主席（Chairman of the Advisory Committee）多年，除一般事务外，也包括评审，即审查负责同仁的研究成绩等工作。我还是和过去一样，常常造访同事的办公室。有一天我的好朋友 Tom Moore（他现在任职史坦福大学胡佛研究所，Hoover Institute）教授提醒我，我在系里的角色地位（status）已和以前不同了，现在我已经是资深的教授，不应该常去年轻的助理教授、副教授及教授们的办公室，否则很容易被误会为查勤。听他这么一说，我才猛然醒悟，觉得他说的话很有道理，从此再也不去找同事闲聊，我很感谢他的适时提醒。

（二）出版关于台湾的“土地改革”专书

我的第一本书是《土地改革与经济发展——以台湾为例》（*Land Reform and Economic Development—A Case Study of Taiwan*），完成于1968年。土地改革并不是我的本行专业，但是我认为这个问题很重要，后来事实也证明台湾的经济发展成就和土地改革有很密切的关系。我在1963年到台湾以后，首先去拜访“中国农村复兴委员会”（简称农复会）的官员，包括主任委员蒋梦麟，以及沈宗瀚、蒋彦士、谢森中等人。记得当时在农复会工作的李登辉帮我找了很多资料，我觉得他对问题的看法很精辟。我要离开台湾之前特别去访问蒋梦麟先生，他对台湾的“土地改革”有很大的贡献，请教他台湾的“土地改革”何以能够成功。他说有三个因素：第一，农复会的人员下了很大的决心去推动；第二，日本人在战前完成了很多土地测量的工作；第三，美国人给予大量的经费援助。我再请教在他的一生当中，影响他推动土地改革的最大因素是什么？他说农复会的成功来自于他在北大的经验，并提及许多在北大期间所受到的熏陶。从我们的谈话中，我分享了他许多宝贵的阅历和见解，十分难得。

我同意第一次土地改革有它的重要性，也承认它对台湾的经济发展产生很大的推动作用，但是从事后看来，台湾的第一次土地改革不能算是完全成功，原因是那次推行土改的主要目的是为了保护佃农。政府用各种办法保住佃农的土地，使他们得到充分的保障，但是过度保护佃农的结果，使地主再也不敢、也不愿意把自己的土地出租给佃农，深怕一旦土地租出去就再也收不回来，所以即使有人改行行医或从商，也不愿意出租土地祖产。如此一来土地的交易就变得很稀少，大多数的地主宁可让土地荒废，也不愿意出租或出售。因此，用法律的力量来保护佃农，确实有它成功的地方，使许多佃农拥有自己的土地，但却迫使整片土地被分割成许多小块；又因种种法律对佃农有利的保护，使土地无法合并利用。这种做法没有想到未来农业应该朝向规模经济的方向发展，也没有针对未来应该如何有效地利用土地等问题进行规划，而且没有考虑机械耕作的问题，自然无法充分发挥土地的生产效力。

（三）土地改革的理论探讨

我自从研究台湾的“土地改革”之后，对这个问题特别感兴趣。1973 年 3 月我到夏威夷东西文化中心（East–West Center）担任资深研究员（Senior Fellow）。这个机构很不错，很多台湾的学者也去过。有朋友建议，既然我在东西文化中心有一年多的时间，何不趁机写一本书？就这样我开始动笔写 *Land Market Distortions and Tenure Reform*（此书已由我的学生潘凤萱译成中文《土地市场扭曲与佃权改革》，1996 年在台北出版），内容较偏重理论的分析。对于土地问题，经济学者常用“市场扭曲”（market distortion）这样的概念来陈述，而台湾的行政官员则习惯用“控制市场”（control market）的观念。两者的想法虽然相同，但是经济学家不会使用这样的语词。有一次我和李国鼎先生讨论台湾的经济问题，我主张站在经济学家的立场，我们绝对不赞成政府管制市场，但是赞成一旦出现人为的因素干扰市场时，政府就必须把它排除，这是名正言顺的做法，并不是控制经济。许多行政官员却认为遇到这种市场扭曲的情形时，政府就应该要管制市场。其实对经济学家而言，这并不是管制，而是要把造成市场扭曲的因素去除。

我到台湾参加土地改革会议，讨论有关第二次土地改革的问题，在座与会的人都是高级行政官员和经济专家，李国鼎先生当时也在场。我在会议里向大家说明为什么我们需要进行第二次土地改革，就是因为我们的第一次土地改革没有想到机械化耕作的缘故。这番话一说出来，马上引起激烈的反应，大家都认为我说话太重，因为我的说法等于否定陈诚副“总统”对于第一次土地改革的贡献。关键是他们认为我不是身在台湾，不了解实际情况，所以才会有这种说法。就在全场的人对我的话震惊不已的时候，有一位经济学家舒兹（Theodore Shultz）发言，支持我说的话也有几分道理。听到舒兹这样说，我才松了一口气，心想幸好他救了我，否则真不知道如何收场。

提到舒兹，我很佩服他宽宏的气度。我们参加土地会议期间被安排住在圆山饭店，每天都有公务车来接我们去会场。有一次我刚好在饭店外遇到舒兹，就和他聊起来，除了闲话家常以外，还向他特别推荐我新近完成的一本书，并且主动提议要送他一本，他点头表示同意。后来我才知道原来舒兹就是我那本新书的审查人，他早就读过了，但是他看我大力推荐自己的书，还是很有耐心地从头到尾听我讲完。我觉得他真是一个很有修养的人，令人敬佩。他是人力资本（human capital）学说的创始人，也是 Nobel 经济学奖得主，可惜已在 1997 年过世了。

（四）"显示性偏好"的系列研究

经济学家的假设是所有消费者的行为模式都是理性的，也就是说在一般的情况下，假定消费者的购买行为都是经过理性的判断之后所做出的决定。这纯粹是一个经济学上的假定（assume existence of utility function），既然理性是一种假设，就只能得出一种推论，无法涵盖所有的可能性。实际上人的行为本来就有或多或少程度的理性与非理性。因此，我认为假设是一个很危险的东西。例如我们可以假设天空在下面、大地在上面，然后再根据这个假设做出很多分析，不过得出的结论是否正确就大有问题。简而言之，研究“显示性偏好”（revealed preference）的目的就是为了测试经济学上“人是理性的”基本假定。此一研究的创始人是 Samuelson 教授，他还建议测试办法。关于这方面的研究，我一共写了四篇相关的文章。朋友很好奇地问我研究结论是什么？人的行为模式究竟是理性或非理性？我的答案是：“人有时候理性，有时候非理性。”至于这个研究有什么贡献？我答说没有贡献，就是提出一个“人时而理性，时而不理性”的论点而已。幸运的是，我是第一个开始运用电脑处理资料的经济学者，因为以前电脑不普及。

研究“显示性偏好”需要很多资料。刚巧在 1960 年代密西根州立大学得到美国农业部（United States Department of Agriculture, U. S. D. A.）一百万美元的补助，农学院就利用这笔经费，要求每个家庭主妇每星期都写一个生活开销报告，包括购买多少猪肉、牛肉、青菜等都记录下来，再把这些报告逐一做成档案搜集起来。这个计划本来预定进行 10 年，可是到第八年的时候，校方已经忘记当初为什么要搜集这些材料，因为相关的负责人有些离职，有些已经去世，结果搜集了一大批的资料，却没有利用，实在很可惜。所以校方就征询经济系的同仁是否有兴趣研究这批资料，我和同事史密斯教授（Victon E. Smith）就接下这个工作，开始想办法如何利用这些资料。

史密斯教授找到一个题目“Minimum Cost Diet”，分析家庭营养需要量的最低成本，再分析每种食物里面含有多少营养，得出一个均衡营养（balance diet）最经济的选择。例如我们要开会聚餐，就可以从史密斯教授的研究中找出既营养又经济的餐饮组合以供参考。他把研究的结果写成好几篇文章和一本书，可惜却没有对这个理论做更进一步的推演。不久兰卡斯特教授（Kelvin Lancaster）发表一篇文章《新需求理论中的一般消费技术》（“A General Consumption Technology in New Demand Theory”），也是研究同样的主题，结果他的文章一发表就声名大噪，现在已转任哥伦比亚大学，成为很有名的教授。当时我就告诉史密斯教授，其实兰卡斯特教授所做的研究，早在他的文章附注里就已经说明了，只差在他没有继续深入研究下去，而兰卡斯特教授则把握机会，作出一般化公式的阐明（a generalized formulation）。我想很多人都是如此，对于自己熟悉的东西反而容易忽略它的重要性，所以太近的事物反倒看不清楚就是这个道理。举例而言，许多法国科学家进行的科技研究计划，再经过美国科学家的继续研究之后都得到诺贝尔奖，为什么法国的研究人员不进一步研究呢？就是因为他们对于所研究的东西太熟悉了，经常接触它，反而不容易看清它的重要性。

研究“显示性偏好”必须将消费者每一天的购买行为都记录下来，然后逐次比较（pairwise comparison），观察每笔资料的差异及每天的变化。我们所需分析的资料总数超过百万笔，这个方法可以巨细靡遗地观察到每个消费者行为的变动，但是处理大量的数据资料很花时间。不过我们很幸运，因为那时候电脑刚刚起步，并不普及，学校的电脑很少人使用，几乎都是我一个人在用，学校也没有收取费用。这部电脑帮了很大的忙，我都靠它来计算资料，足足有好几个月的时间，电脑整天不停地运算，每天晚上我的助理会在固定的时间向电脑室查询，然后每隔几天向我报告一次。

看着自己的文章一篇接着一篇发表，心里觉得既高兴又感激。不过不久之后，我就知道自己对"显示性偏好"这个问题的考虑不够周延，因为我考虑的资料只有食物一项，明显忽略一个很严肃的类似问题，那就是如果资料不是食物，而是换成原料、劳力等成本因素时，结论就更有意义。换句话说，我只考虑到消费面，并没有把生产面考虑进去，因为在"显示性偏好"的层次之上还有"效用函数"（utility function）。我原本以为资料都处理得差不多了，才发现竟然忽略生产函数的问题。就连我的学生施密特（Peter Schmidt）也都没能看出问题来，他最擅长计量经济学。倒是另一个教授维利安教授（Hal R. Varian，现在担任加州柏克莱大学管理学院院长）一眼就看出用同一个逐次比对法（pairwise comparison method），可以得到一个非母数的生产函数（non–parametric production function）。这是一个应该发现却没有发现的推论，表示我的学问不够广、不够深入。

这篇文章虽然有很大的缺点，但是我还是很高兴，因为我是第一个研究"显示性偏好"理论的人，起码有一些贡献，所以就在第一篇文章（刊登在 *Econometrica*, 1963）的前言里说在此之前从来没有人作过相关的研究，我算是第一个接触这个主题的人。但是期刊主编写给我一封信，要求我删掉这些字句，原因是据说哈佛大学一位很有名的教授多年前曾在墨西哥发表相关的演说，有人曾用西班牙文写成记录。事实上我这篇文章在三年前就已经发表在《清华学报》上，不过对于这种事我也不愿意多作争辩，就按照主编的意思把这句话删去。

（五）到瑞士国际劳工署访问研究

1974 年 12 月和 1975 年 7 月至 8 月间，我在瑞士日内瓦的国际劳工署（International Labor Office; Geneva, Switzerland）担任顾问，研究环境保护对投资贸易的影响。他们邀请我去是要我发挥已出版的一篇文章“Environmental Repercussions and Trade Theory”（刊登在 *Review Economics and Statistics*; May, 1974）。我写了两本小书：(1)《环境对于贸易和投资的影响》(*Environmental Repercussions on Trade and Investment*)；(2)《环境对于贸易和投资的影响——以五个国家为例》(*Environmental Repercussions on Trade and Investment—Five Country Studies*)。环保的议题到现在更为重要。

国际劳工署很值得参观，不过苏联在该署的势力很大。其中出版所的主任便是苏联人，他对出版品管制得很严格，很多研究成果不准用劳工署的名义出版。他的主要理由是研究者大多采用西方经济学的观点，对于社会主义的观点不加重视。当我把书交给学校的出版社要出版的时候，也面临同样的问题。因为环保问题日趋重要，我要早点把这些研究成果发表，这也是领导学术发展的贡献。在日内瓦停留期间，有一件事让我印象特别深刻。在我和该署签订合约之时，他们问我薪水要用瑞士、法郎还是美金支付？我没有考虑就签了以美金付款，没想到正好遇到美金大跌，损失惨重。有一次同事约我一起去吃饭，算起来一顿午餐要花十六元美金，实在很昂贵。

（六）整理出版 Habarler 教授全集

1981 年我在华盛顿的时候，刚巧指导老师 Habarler 教授也在美国企业研究所（American Enterprise Institute）担任资深研究员，他经常宴请我。有一次我问他是否有计划将以前发表的文章整理出版，他答说没有，我就开始计划帮他整理出书。Habarler 在经济理论上的主要贡献是国际经济学（*The Theory of International Trade, with Applications to Commercial Policy*, Germany edition, 1933; English translation, 1936）和景气循环（*Prosperity and Depression*, 1937）。他的成就受到高度的肯定，本来有机会可以得到诺贝尔奖，可惜擦身而过。据说在决定国际经济学得奖人名单的时候，委员会先选定 Ohlin 教授(Bertil G. Ohlin)，因为欧林是瑞典人。由于美国人已得了太多次奖，所以他们决定另一位得奖人不再由美国人搭配，而决定颁给英国人米德教授(James Meade)。从此以后 Habarler 就没有机会得奖，这对他很不公平。

我认为“名气声望”和“实质成就”之间常有差距，以致出现名实不副的情形。例如经济学有一个财富效果（wealth effect）理论，认为资产一旦上升，消费必然跟着增加，Habarler 教授把这个现象称为“庇古效应”（Pigou Effect）。庇古（Pigou）是英国有名的经济学家，所以获此殊荣。不过 Samuelson 却深感不平，他认为 Pigou 只提出一些概念，而是 Habarler 把这些概念具体化，并形成完整的理论，所以应该称为“哈伯勒—庇古效应”（Habarler–Pigou effect）才对。只是 Habarler 教授太过谦虚，不肯居功。另一个著名的例子是“理性预期”（rational expectation）理论。密西根州立大学商学院的 Jack Muth 教授早已发现这个理论，不过他仅应用在存货模型（inventory model）上，可是卢卡斯（Robert E. Lucas）更聪明，把它发扬光大，进而推广到整个经济模型上，因此声名大噪，现在大家提到理性预期理论只会记得他。Lucas 懂得如何把理论扩大到整个经济模型是他的聪明才智，也是他的运气，因此成为媒体注意的焦点而一举成名，并因此得到诺贝尔奖。其他许多成就很高但不受媒体注意的学者，就没有他那么好的运气，可能终其一生都不为人所知，这是很无奈的事。所以一个人得到诺贝尔奖，固然是因为他的成就特别杰出，可是运气也很重要。至于没有得到诺贝尔奖，并不代表他的成就不如人，有时是运气的问题。我常举两个著例：一是我的指导老师Habarler教授；二是罗宾森教授（Joan Robinson），她著有《不完全竞争》（Imperfect Competition）及有关凯因斯理论的发展和推广等很重要的书。前者是因为时机不对；后者则据说人缘不佳得罪很多人。这纯粹是机缘使然。尽管两人都与诺贝尔奖无缘，但是他们的学术成就仍然受到全世界的肯定。

Habarler教授很高兴我把他的论文集整理出版，为了感谢我的协助，他说要写几句话向我致谢。我不肯答应。因为我身为主编，没有得到我的同意不能添加文字。我自己特别写了一段话作为献词："本书谨献给敬爱的Habarler教授夫妇，他的智慧与慈爱激励了无数的学生，她的迷人和开朗温暖了许多人的心。"（This volume is respectfully and lovingly dedicated to Professor Habarler, whose wisdom and kindness have helped and inspired generations of students, and to Mrs. Friedl Habarler, whose eternal charm and vivacity have warmed so many hearts.）他很高兴，又说他的夫人已在病危中，可否允许他将这个献词给她看，恐怕她等不及这本书的出版。我答说当然可以。日后据他转告，Habarler夫人看到献词后非常高兴、快乐。

我从编辑Habarler教授的论文中得到两个很有意义的收获：第一，我将整理好的论文送到MIT Press（麻州理工学院出版社）去出版，认为以Habarler在经济学界的声望和地位，一定轻而易举，很快就有回音。可是送去以后很久没有回应，我觉得很奇怪，不久收到该校出版社主管来函告知，他已聘请五位评审审查 Habarler 教授的书，要求五个人不记名投票是否赞成出版这本论文集，并详述其理由。后来出版社把所有匿名评审回函送给我和 Habarler 参考，每封信都称赞 Habarler 的学术贡献。其中一封甚至说他应该得诺贝尔奖，我猜测这封信可能是 Meade 教授写的，因为他在信中采用英国式的拼音法（spelling），例如“labour”，而不是美式拼法的“labor”。我拿了这五封信给 Habarler 教授看，他很高兴。我说其中一封用英国式拼法的信可能是 Meade 写的，他不作声，只是微笑、点头而已。

第二件事是 Habarler 教授早年的论文（1920 年代到 1930 年代）大半是用德文写的（因为他生长在奥地利维也纳），出版社坚持要把德文翻译成英文，所以只好找懂得德文和英文的经济学家翻译，也花了不少时间。我以为此事可以告一段落，但是出版社仍不批准，理由是文章注脚（footnote）不符合近代的学术著作标准。当时著者在注脚内引用其他作者的文章，只要写上姓氏（last name）即可，但是近年的学术出版品则需要写出全名，所以出版者坚持要求把所有有姓无名的作者全部找出来补齐，否则该校绝不出版不合标准格式的图书。另一个可行的办法是建议我把这些文章删除。我的第一个反应是去请教 Habarler 本人，可是他已是高年，而且这些文章全是在半个世纪之前写的，十有八九记不得。第二步计划是去美国国会图书馆查询相关的书或杂志。可惜该馆在 1920 到 1930 年代期间尚未大量收集德文书刊，管理员建议我去德国查询。这个建议很合理，但是我必须去德国一趟，劳民损财。后来想到Habarler教授在欧洲有许多朋友，可以请他们协助，不过我都不认识。唯一的办法是我去函德国有名的经济学杂志*Weltwirtschaftliches Archiv*的编者（我曾为了出版一篇文章和他通过几次信），把我的难题告诉他。他不日即给我一封回信，说他对Habarler非常钦慕，很高兴有机会为他效劳，请我列出没有全名的作者名单寄给他，并动员研究生到图书馆去查询。结果不到两个星期，我的任务全部达成，而且不花分文和时间。

这一本《Habarler论文集选读》收到很好的回响，销售颇佳，因此有一家英国出版商Edward Elgar要求接下去再出版二本论文集。他与Habarler有世交，因为Habarler已经答应，我就奉命继续再编两本书。出版商要求我在书的卷首附上一篇简单的介绍文章，我认为Habarler的贡献已有几位学者（包括Samuelson在内）撰文肯定，不必再画蛇添足，所以不愿意答应。出版商把我的意思传达给好几位经济学者知道，不久以后Habarler与我接到一位很资深的学者来信，自愿写这篇文章。我当然赞成。平日Habarler教授对这种事很有商量的余地，可是这次却指定由我写。因为他的坚持，我只得尊重他的意见，简单介绍他的贡献和学术成就。可惜没过多久他就与世长辞了。人生总是如此，时常和时间赛跑，有时稍微延迟耽误就会遗憾终身。虽然Habarler教授不能目睹第二、第三册论文集的正式出版，不过我仍然很庆幸能够及时尽些心力为他做点事情。

Habarler教授对学生很好，常常邀请我们这些学生到他家里做客，有时还包括学生的子女。例如我的女儿慧琪在Wellesley女校念书时，曾私下打电话给Habarler夫人，自我介绍说她是Habarler教授的学生某某的女儿，想去她家拜访。Habarler夫人于是邀请一些经济学家的子女一同到她家开一个茶会，很周到地招待他们，大家都玩得很开心。慧琪胆子很大，也没有问过我的意见就自己找上门去，若不是我提起Habarler夫人，她才说出这件往事，恐怕我永远都不得而知。Habarler夫人待人慷慨和善，正如我在献词中所言，我们都很感谢她。

（七）担任美国能源部顾问

1980年到1981年之间我去美国能源部（Department of Energy; Washington, D. C.）担任顾问。因为1970年代曾经发生中东石油危机（Oil Crisis），当时美国拟订了一百多个紧急应变计划，但是究竟哪些计划比较可行，并没有经过审查，所以请外面的专家来协助。我对这个题目很有兴趣，就去参加。我仔细看过所有的计划内容，发现美国这些紧急应变计划都是从全球性的观点出发来考量。例如它把日本的能源需求也考虑在内，一旦全世界的能源供应减少，美国应该如何协助把能源运到日本。因为美国和日本的贸易关系很密切，所以必须考虑日本的能源需求。

我原来预计在华盛顿要停留一年多，所以把家人都接过来同住，家具也都搬了过来。可是我才到任不久，就换成共和党的里根总统（Ronald Reagan）上任，我的上司 Cathy Abott 女士告诉我，共和党政府认为我所研究的问题已经不重要，要我改为研究天然气解除管制（natural gas deregulation）的议题。研究一段时间之后，我开始写报告，利用能源部收集的资料也完成好几篇论文，但是就在这时候，里根却写了一封信给某位国会议员，向他保证天然气不会解除管制。里根的保证和我的研究结论刚好相反，可是我已经完成好几篇报告，不知道应该如何是好。Abott 女士得知这个讯息后，就赶紧要求我这些文章千万别发表，也不能去任何学校公开讨论，一定要先保密。我也明白这些文章一旦发表，牵涉的层面太广，必定引发很多争议，所以答应等我和她都离开能源部以后再发表。

Abott 女士相当年轻，做事却很明快果决，让我极为佩服。我在能源部工作的那一段期间，常常在研究小组的会议上提出新的想法。她经常提醒我不要把这些新观念透露出去，以免被其他的小组（如石油组）盗用。我觉得颇有道理，所以碰到其他小组的成员时就会顾左右而言他，谈一些不相干的话题，例如足球赛、篮球赛、一般政治新闻等。我从这些事情中才真正体会到美国的政府机关里也是充满官僚作风（bureaucratic）式的竞争与对立（competition and rivalry）。一年多以后我结束顾问工作回到密西根州立大学，后来听说 Abott 女士也离开了能源部，原来所写的关于天然气解除管制的文章大半已过了时效，后来只发表了其中一篇文章。

（八）治学心得

毕业之后我曾经有机会在华府远东委员会中国代表团工作，在那段期间观察国际外交事务的运作，特别是目睹美国对日政策的前后转变，这是我人生经历中一个难得的体验。我也趁机写了一些相关的文章，包括《日本在远东区域贸易所扮演的角色》（“The Role of Japan in the Intraregional Trade of the Far East”）和《日本区域贸易的模式》（“Japan in the Intraregional Trade: Alternative Models”）等。这些研究主题对我而言很有意义，因为战后日本的经济结构曾经历一次大调整，美国在其中扮演极为重要的角色。我认为自己很幸运，能够有机会从工作中亲自观察战后日本经济的改造，以及美日之间在贸易方面比较深层的互动关系。起初美国的政策是防止日本将来再度成为一个侵略者，但是不久之后转变为培植日本作为反共的友邦。

这几篇关于日本的贸易角色和美日贸易关系的文章写完之后，我开始对别的问题产生兴趣，此后很少有时间再继续研究区域贸易的问题。我想决定学术研究最重要的因素，就是自己的兴趣以及研究的主题是否能有新的结果或发现，如此才称得上贡献，否则研究意义不大。我虽然没有继续研究区域贸易，但是终究对两个题目做了一些拓荒性的研究工作，一是显示性偏好，二是环境保护对于投资、贸易的影响，已如前述。

我对于二次大战后的日本比较关切的议题有三：一是土地改革问题，二是财阀解散问题，三是经济管制问题。对于这些议题，美国、中国、法国、澳大利亚、新西兰等国也有兴趣，只是法、澳等国关切的范围与程度不如美中两国。相对于各国，英国和苏联显然对日本经济问题不感兴趣。英国自始就不关心这个问题，因为它的企业和日本企业有合作关系，两者利益一致。苏联对日本的兴趣始终停留在政治方面，例如天皇制度的存废等，并不关心经济问题。其原因除了强烈的共产主义意识形态以外，也由于苏联缺乏经济专家。苏联不重视经济，对经济问题没有特别研究，也不培训专业人员，所以对问题的解决观点自然偏向共产主义的角度。但是战后不久苏联的共产主义悄悄地进入美国校园，迫使美国不得不重视政治渗透的严重性，也逐渐改变态度，开始关切政治议题。结果导致美国在二次大战后的和会中改变政策，从关切财阀解散等经济课题转而关心日本政治的安定，甚至要求派驻东京的代表团撤回先前解散财阀的提案。我手边保存了一些与当时决策相关的资料，可以清楚地反映美国政策转变的情形。

我在中学的时候就已了解日本的野心很大，他们企图控制整个中国的经济。为了达到这个目的，日本提出所谓的“广田三原则”：第一，承认“满州国”；第二，华北自治；第三，日中经济提携。前两项属于政治问题，第三项是要用经济的方法控制中国，从建设东北的工业着手，进而控制整个中国市场。我有一批资料，内容全是南满铁道株式会社对于中国的调查报告。表面上南满铁道株式会社是一个经营铁路的机构，但事实上它的内部有很多单位专门从事调查工作。例如对东北人民的消费结构进行仔细的调查，并且做成完整的报告。我看到这些资料时非常震惊，原来日本早就把东北调查得一清二楚，以便能切实掌握老百姓的生活需要。我之所以能看到这些资料，是因为日本人每次完成调查之后，把一份报告留在东北，将另一份复本送回日本。在日本的资料战后有一部分被美军带回美国，也不知道存放在何处，我透过朋友的关系才得以看到这些资料。若非亲眼看见，很难想象日本人在战前所进行的调查能够做得这么好，虽然他们使用的调查方法不见得很高明，很多现代化的统计技术没有用上，但是调查成果还是很可观，可见日本早有控制中国的野心。

撇开国际关系政治角力的层面，不谈日本觊觎中国的野心，而从另一个角度去观察日本，就会发现它向来都以一套独特的方式置身于东亚，甚至于全世界的贸易之中。日本对于东亚国家的经济贸易始终保有高度的兴趣，也在其中扮演重要的角色。至于日本所用的方式，我认为是一种典型的殖民主义模式，和马克思（Karl Marx）所主张的帝国主义掠夺原料和市场以进行剥削的说法如出一辙。在二次大战前以农业为主导的东亚经济结构之下，日本母国和殖民地之间存在着一种技术加工和原料供应的依存关系，日本把台湾当做米、糖及其他原料的供应产地，再将工业产品卖回台湾。日本就是用这种方式来扩张自己的经济力量。除了日本以外，由英国主导的大英国协也采取相同的办法，对会员国实施所谓的优惠条款措施（Imperial Preference System）。英国在二次大战之前是世界上最具优势的国家，拥有广大的殖民地和雄厚的军事实力。它能够傲视全球主要靠日本所没有的两个条件：一是海军；二是英镑，可以用来保护在世界各地的投资。当时很多国家的外汇准备是英镑，存在英格兰银行，伦敦因此成为世界金融中心。

战后日本经历大重建的过程，在协助日本重建的各国当中，美国是最大的功臣。美国无意将日本殖民地化，对于战后日本的重建方式有别于殖民地模式。我在华府远东委员会工作的时候看得很清楚，美国对日本的态度前后有很大的转变，开始之时美国并不积极，关注的层面多半在经济议题上。直到1950年代以后韩战、越战相继爆发，美国感到极大的威胁，因为以苏联为首的社会主义阵营已逐步扩张到其他国家，苏联快速扶植这些新兴的共产国家，整个形势的逆转使美国遭逢空前未有的挑战。于是美国决定积极重建日本，以围堵共产主义的迅速扩大。美国这个后来的决定和原先的做法有很大的差异，原先顾虑一旦积极重建日本，深恐有一天日本将成为它的主要竞争对手，所以想尽办法要解散日本的财阀，以削弱日本的经济力量。可是后来世界形势转变，围堵社会主义的成长成为最急切的课题，美国的政策迅速转变，从削弱日本的竞争力转而协助日本提高竞争力。由于美国在对日政策上急遽转弯，它一改昔日的态度转而支持日本，对中国的影响很大。许多过去的主张都不再提起，对于我方提出的索赔要求态度相形冷漠，在这种情形之下，谈判已经不再是单纯的战争赔偿问题。

美国对日本的援助采取“海外采购”(offshore purchase)的方式。当时美国的工业还处在战后扩张发展的阶段，需要大量的工业原料和机器设备，美国国内的资源虽然足够供应短期工业发展的需要，但是所耗费的成本较高。日本正好在此时进行复兴重建的工作，再加上社会主义阵营的迅速发展，所以美国决定不在国内采购工业原料，改向日本购买。尤其是军火工业，很多美国需要的军事武器都在日本制造。如此一来日本便得以拥有关键性的资源，而用最快的速度重建，使经济在最短的时间之内复苏。我们甚至可以说，只要日本可以制造出产品，就不愁没有市场。这是美国协助日本重建最大的保证。

决定日本重建成功的主要因素除了美国的援助之外，也不能忽略日本原有的工业基础。早在二次世界大战之前日本就有能力自行生产战舰、飞机等战略设备，战争虽然摧毁了大量的设备，但是破坏的只是工厂的硬体部分，原有的员工和公司组织都没有被解散，这个生产组织最核心的部分没有受到破坏，可以说是日本的幸运，也是得力于企业家的远见，才能拥有这么好的条件，经济自然可以快速复苏。总之，日本因为拥有诸多内在与外在条件的优势，很快又恢复了战前的地位，不能不令人佩服。反观战后的中国，不但工业基础比不上日本，国内政局更加紊乱，连自己国内的问题都解决不了，更没有余力兼顾国际局势的发展。

国与国之间的竞争关系永远处在激化冲突的状态之中，以美日两国在经济方面的竞逐为例，两者之间的竞争在二次世界大战之前还不明显，原因是当时日本的经济发展程度还不太高，技术水准赶不上美国。但是经过1950年代的冷战时期之后，日本已经跃居世界强国之林。1970年代至1980年代日本某些企业的发展程度甚至已经超越美国，如此一来自然造成彼此贸易关系的紧张，而当初美国所担心的美日两国竞争的梦魇也终于成真了。

如果不讨论经济层面，从国防的角度而言，我认为美国对日本反而比较放心，原因有二：一是美日两国之间订有共同防御条约；二是美国在日本重建时期曾经大力支持它发展军火工业，因此比较清楚日本的军事状况，并且有留驻日本的军队和海军补给站，不用担心日本对它造成威胁。相形之下中国大陆才是它担心的对象，其中的道理很简单。因为日本在二次世界大战之后，国家力量持续成长，它的实力逐渐受到重视，国家地位也日益巩固，反而是中国大陆的动态仍然不明确，其他国家对它的军事武力所知无几，所以美国对中国心存顾忌。如果进一步从美日共同防御条约的观点来看，更可以发现美国积极寻求与日本合作，目的显然是为了抵制中国大陆。换言之，中国大陆已经被美国视为竞争对手的新目标。我们可以得出一个简单的结论：美国在二次大战结束之后的主要目标是苏联，所以它联合日本、扶植日本、重建日本的主要目的是为了防止苏联势力的做大。冷战结束以后形势有了明显的转变，日本的地位益趋稳固，而中国大陆的动向则一直不明朗，加上苏联已经解体，所以美国的防堵目标随即由苏联转向中国，它仍然选择与日本合作，只是防御的对象和过去不同。不过可以肯定的是，在这个形势转变之中，日本仍是一个大赢家，从中占了很多便宜。至于未来美国如何看待中国大陆，我认为应该取决于中国大陆是否有明显的扩张政策而定。美国现在把日本纳入它的防御体系之内，正是因为中国大陆已经对它造成假想的威胁，认为中国未来的发展不可忽视，不得不加以提防。

美国固然在战后的世界贸易体系中扮演相当重要的角色，而联合国的影响力也同样不可忽视。联合国的贡献是属于世界性的，以经济组织为例，从过去的关贸总协定（General Agreement of Tariff and Trade, GATT）到现在的世界贸易组织（World Trade Organization, WTO），都是为了追求贸易自由，积极排除国际贸易障碍而产生的。但是世界情势瞬息万变，难以捉摸，例如二次大战期间美国和英国各有一套处理国际贸易的办法，两者对于国际货币基金会（International Monetary Fund, IMF）的组织办法相持不下。英国主张采取 Keynes 的建议．他认为英国的贸易出超将逐渐减少，便趁机主张应该惩罚出超的国家；美国则很有信心地认为自己将会出超，所以强烈反对英国提出的主张。后来国际货币基金会采用美国的办法，可是谁也没有想到，当年曾经是出超大国的美国日后居然变成入超最多的国家。台湾的情形也可能如此，虽然贸易出超已经持续一二十年之久，可是谁也无法预料这种情况能够维持多久。而这种大量出超是否对台湾有利，也应该随时检讨。

虽然世界经济情势变化很快，不过站在经济学家的立场，我们仍然坚持贸易应该自由化，反对用人为的办法限制贸易的流通，所以我们反对配额制度（Quota System）、保护关税等办法的存在。有些政治人物可能不赞同这样的主张，不过基本上经济学家大都同意这种看法。现在世界各国或多或少都有程度不等的贸易设限，主要目的就是希望藉由提高其他国家的生产成本来强化自身的竞争力。例如美国的劳工团体尤其如此，它使用的竞争利器包括环境污染和人权议题（如劳工健康、福利、童工）等。这些主张的基本企图都是为了达成上述目标。

台湾的农业保护政策也是很明显的例子。这项政策的原意是为了保护农民，因为一旦农产品开放进口，将为本土农业带来强烈的冲击。从表面上看起来，这个措施是为了保护农民，实际上却要全民来负担代价。因此我认为最好的方式是取消农业保护政策，将农产品开放进口，而农民的一切损失则由政府吸收、承担，利用津贴的方式补助农民。补助年限可以持续到这一代农民终老，但是不必延续到下一代的农家子弟。由于津贴这一代农民的措施有一定的期限，政府付出的代价相对降低，否则利用高关税来保护农民，其实是保护农地所有者，这种做法反而没有期限。只保护农民，却由全民付出代价，反而得不偿失。我们这些经济顾问都同意台湾“政府”采用补贴的办法，来弥补保护政策取消之后农民所受的损失。但是“政府”的顾虑很多，托词不便推行，主要原因恐怕仍是涉及既得利益的问题。“政府”唯恐农产品一旦开放进口，势必造成土地价格下跌，因此，为了防止地价下跌引发连锁性的不良效应，同时也基于保护人民财产的立场，就认定农业保护政策有其合理性。虽然出发点是为了保护农民，但事实上最后受到保护的并不是农民，反而是与土地相关的既得利益者。

尽管世界各国的经济发展程度不同，我始终主张贸易自由化。因为贸易是自然发生的行为，不应该有种种人为的设限，更何况世界的经贸局势变化如此快速，任何人都难以预测，人为的设限只会带来更多的问题。此外，解决经济问题还是应该回归经济方法，政治方法虽然很有效果，但是充其量只能解决短期的问题，长期而言，仍然要回归经济面。事实上人民是睿智的，自然会选择最好的模式去发挥，政府无庸强加干涉。总之，经济行为应该让它自然发展，我不赞同政府用政治的办法来处理经济问题，决策者唯有具备藏富于民的观念，才能对经济发展有所帮助。民主政治的要点是：“我们相信群众的智慧，而不能完全倚赖政治精英（To trust the wisdom of a nation lies with the masses, not with bureaucrats, no matter how smart they might be）。”以新竹科学工业园区为例，我们主张政府规划一个综合工业区，实施奖励措施，将园区开放给各种产业利用，不应该只扶植特定的产业，让它们取得优惠。让各产业到园区设厂、享有优惠，是市场晋级（market promotion）；如果只让特定产业获得优待，那就是保护政策（protection policy）。两者截然不同。

六、参与台湾经济发展

（一）初访台湾

1963 年福特基金会给我一年的研究补助，到台湾研究土地改革的问题，这是我第一次到台湾来。我带着二女儿美琪和三女儿晏琪一起同行。美琪到北一女中当特别学生，对于自己能到一女中就读，她觉得很高兴。当时一女中的校长是江学珠女士，我曾拜访过她好几次。三女儿就读再兴小学，我特别为她取了个中文名字“晏琪”，可是她不习惯，老师每次叫她名字，她都不知道应答，上课的时候又不专心，成绩单发下来每一科都不及格。老师给她的学期成绩打了个“F”，说她上课都不听讲，真是没办法。过些时间她知道自己的中文名字，也知道应答，成绩就大有进步。

1963 年在台湾进行研究时，有几件事让我印象很深刻。我住在台大新盖的宿舍，位于基隆路上。钱思亮校长坚持不收我的房租，我说福特基金会编有这项经费，但是他不肯接受。后来我决定要捐出这笔钱，就请教钱校长用什么名目捐给台大。他说住宿费的名义不可行，不过可以捐为清寒奖学金，而且按照规定该笔钱由校长统筹分配。我马上就答应了。那段在台大客座的日子，我十分感谢钱思亮校长以及台大对我的照顾。

还记得有一个台风天的夜晚，雨下得很大，路上积满了水。刘大中先生约我去他家里吃饭，到了他家以后我看雨越下越大，心里觉得很不安，虽然他留我吃饭，我还是告辞了。他派了一辆车送我回宿舍，结果车子走没多久就因积水太深没法再走，司机也不敢往前开。我想这个责任太过重大，万一有什么差错实在担待不起，就请他先回去。然后我拦了一部计程车，请司机用最慢的速度开回基隆路的台大宿舍。因为车速慢，水就不会溅起来，比较安全。那个司机说这种走法很耗油。我告诉他只要按照我的方法慢慢开，多耗些油没关系，我愿意付两倍的车资。他才将我载回台大宿舍。这件事直到现在我还记忆犹新。

（二）暑期讲学班

1966 年我第二次到台湾来，是应中研院和台湾大学的邀请来讲学。当时中研院经济研究所所长邢慕寰先生和台大经济系合办暑期讲学班，邀请刘大中、蒋硕杰、费景汉、邹至庄和我几个人来讲学。这是我第一次认识邢慕寰先生，我觉得他的学问很好，很了不起。我和邹至庄两个人都是经由刘大中和蒋硕杰介绍来台。早在 1945 年的时候我就已经认识刘大中，他当时在华盛顿的中国大使馆商务参赞署担任商务副参赞，商务参赞则是李干。后来我离开华盛顿之时，刚好蒋硕杰也到华府来，我就把房子让给蒋硕杰居住。后来他们两人都到国际货币基金会任职。

国际货币基金会的工作和联合国的工作性质相同，两者都是大家公认为最好的工作机会，薪水既高，又可以免税。尤其是刘大中和蒋硕杰，两人在 1947 年至 1948 年才刚离开大陆就能够进入国际货币基金会工作，很不容易。因为这两人在学术上有很高的地位，运气也好。可是这个大家都想要争取的工作，刘大中、蒋硕杰两人却不在意，他们开风气之先，自动离开国际货币基金会去大学任教。随后吴德耀（昔日我在哈佛的同学）也离开联合国回台湾，后来去东海大学担任教务长，再接替曾约农担任东海大学校长。我认为吴德耀能够放弃联合国文官这么好的工作，转到大学任教，实在很了不起。他曾经举例说明自己为什么选择去东海大学的原因。当初美国最大的报社《纽约时报》（*New York Times*）的创办人要盖时报广场（Time Square）的时候，他不选在纽约最热闹的地段，反而选了一处都是农田的偏僻地方。最后证明他很有眼光和远见，现在时报广场附近热闹极了。他说选择落脚东海大学也有同样的企图心，那时东海大学四周也到处是农田，他有信心把学校办好。他的选择和远见让我非常佩服。

台湾和大陆的经济发展最重要的关键是人才的培养例如早期邀请我们这些海外的经济学家回国担任顾问，进而培养训练国内的经济人才，并送出国留学深造。一旦人才养成之后，就不必再倚赖国外的学者专家，反而成为吸引有眼光的人才回流，进而贡献、发挥所长的地方。我亲自见证的台湾发展历程，就是最好的例子。因此当我们拜会李登辉时，曾提及台湾的财经组织也许不如国际货币基金会庞大，但是台湾有人才，发挥人才的力量就能应付亚洲金融危机。台湾被公认为是科技岛、人才岛，朝这个方向发展下去，自己就能想出办法来解决经济问题，不需要靠国外的专家。

（三）首次来台参与经济研究工作

我所接受的经济学训练，原来是以理论层面为主，后来到学校任教，研究重心仍然不脱学理分析的范畴。直到 1960 年代来台湾参与土地改革会议，才有机会将经济理论转化为实务性的政策建言。参加土地改革会议的经验，令我印象很深刻，因为首次体验行政官员的经济决策和学者的经济理论之间精彩的对话与互动。

1967 年我来台湾参加中研院经济研究所主办的国际学术讨论会。主办单位邀请顾志耐（Simon Kuznets）参加。他是很有名的经济学家，曾获得诺贝尔奖，对台湾很有兴趣，想要观察台湾经济快速发展的原因和发展方向。我们准备了好几辆汽车陪他出访，到了原本预定停车的某一个地点，他不愿意停车，而要自己决定路线。因为他不相信我们所安排指定的地点具有代表性，唯恐是专为访问而准备的样板。后来我们根据他的意思停在一个老房子前面，他进去和一个老农夫谈话。老农夫不会讲国语，也不懂英文，但是会讲日文，刚好访问团里有一位美国大使馆的日本专家可以帮忙翻译。老农夫告诉顾志耐战后他的生活如何改变，让顾志耐留下深刻的印象。我们完全没有预料到顾志耐不肯接受我们安排的行程，而我们也配合他，让他随意到处看。他认为台湾人的生活转变得很快，从 1950 年代开始建设，才十几年的时间经济就发展起来，很不容易，因为经济成长是一个最伟大的贡献和成就。这是我们接待他时所发生的趣事。

1968 年我们几位经济学家再到台北参加“赋税改革委员会”，我的工作是计算进口产品的有效保护税率（effective rate of protection）。因为海关课税有名目税率（nominal rate）和有效税率（effective rate）的分别。有效税率如何计算？例如政府订有汽车进口税，而国内工厂要制造汽车，必须进口轮胎和钢铁，这些零件、原料也有关税，将这些半成品和原料的税率全部加在一起，从汽车进口税中减去。否则国内制造的汽车税率很高，可是表面上看不出来，因为原料和半成品也含税，增加不少汽车公司的成本。有效的保护税率，就是汽车的名目税率减去原料和半成品的税率，得出净税率或有效税率。名义上是我负责计算有效税率，其实这种复杂繁重的工作全部由柳复起教授执行。我负责计算关税的有效税率，必须观察哪些产品的关税较高、哪些产品的关税较低，这对于未来经济发展关系重大。当时因为开始创办九年义务教育，急需财政税收来支付经费，所以重点在增加关税收入。我在赋改会只是专家，不参加高层决策会议，事后才知道据说会中似有不同的意见，除增加政府收入之外，并促进税制改革，新税制较注重奖励储蓄投资。这两种不同的看法都有道理，前者较侧重短期的需要，后者则是注重较长期的做法。据我所知，蒋硕杰先生比较接近后者的看法。

（四）梨山会谈

1967年国际学术会议结束之后，当时担任“经济部长”的李国鼎先生带我们四位经济学家：刘大中、蒋硕杰、费景汉和我到梨山去晋见老蒋“总统”（蒋介石先生）。这次会面对于日后台湾的经济发展有很大的影响。到了梨山，我和费景汉两人同住一个房间，刘大中和蒋硕杰住另一间。那天天气很热，我只穿一件短裤在床上休息，费景汉去洗澡。忽然我听见有人敲门，在迷迷糊糊之间就顺口回答：“请进！”（Come in！）结果进来的竟然是老“总统”。我立刻从床上跳起来。他问：“你们好吗？”又问：“费先生呢？”我答说：“他在洗澡。”费先生正好打开浴室的门，身上一丝不挂。这是我们两人第一次见到老“总统”，虽然很失礼，可是老“总统”并不介意。

晚上“总统”宴请我们，晚宴结束时已经八九点，大家以为可以休息了，心想应该等明天再和“总统”谈话吧。老“总统”却精神很好，问道：“你们有什么事要向我报告吗？”我们答说本来预定明天才报告。他说：“没关系，就现在讲吧！”于是刘大中先生就开始说明，报告的内容是关于台湾总资源的分配。我们举例说明总资源就像一个大饼，把饼全部吃完了就没有剩余。至于资源需求与供给之间的关系，如果需求超过供给，物价就会上涨；物价上涨之后，需求就会降低，供需又重新取得平衡。换言之，如果资源只有一百分，却要使用两百分的资源，资源不可能立即从一百分变成两百分，于是物价拼命上涨，涨到一定程度后，会使资源重新分配，最后结果还是一百分。这个简单的比喻，老“总统”觉得很有意思。我们认为老“总统”已经吸收了很多经济理论，讲到这里应该差不多了。老先生却还问：“你们刚才讲了很多，但是没有提到关于银行的问题。”因为“国民政府”从大陆撤退的时候，上海正值通货膨胀，银行放款失败。我们本来不想提这段过去失败的经验，可是他却想知道。我们就开始解说银行的角色。简单地说，它是一个中介（intermedia）的角色，一方面把民间的储蓄聚集起来，另一方面再把储蓄提供给工商业者投资利用。至于在储蓄和投资之间如何取得平衡，靠的就是银行中介的利率。假如储蓄太多，利率就降低；储蓄不足，借款的人却很多，利率就高涨。这一点老“总统”很了解，因为他以前在上海金融业做过事，知道资金需求和供给的关系，所以问了很多细节的问题。当天我们和他谈到很晚才结束，而他的精神始终非常饱满。

第二天上午，刘大中拿出一张我们画好的大图，说明资源经由征税管道进入行政部门，再利用行政支出将资源分配出去，包括民间消费、行政费用、军事国防费用等。老“总统”看着这张大图，觉得很有意思，后来他又问了一些有关银行改良等问题。中午他留我们一起用餐，并吩咐随行人员打电话给“行政院院长”严家淦安排召开“国家安全会议”，并由“严院长”代为主持。“国家安全会议”讨论我们的建议，在未来编列预算的时候参考资源筹集和分配的两个图来编制，第一个图表示筹措多少资源；第二个图表示资源如何分配。若分配给民间，则供消费；分配给“军事国防”，也是消费资源；分配给投资，有助于经济持续成长。因为老“总统”认为我们的这些意见很有用，马上决定采纳。所以从那一年开始，“政府”编制预算时都会考虑如何分配资源的问题。

我们和老蒋“总统”谈资源流通（circular flow）的观念，结果很成功。但是蒋经国先生继任“总统”之后，对于需求和供给的经济理论接受程度不如老蒋“总统”，他对刘大中先生在黑板上画图解说的方式兴趣也不大，很少和我们谈论整体的经济问题。

（五）任教台大经济研究所博士班

1968年王世杰先生担任中研院院长时，积极推动和美国的学术文化合作事宜。他有意筹办一个经济学博士班，并仔细考虑任教的人选，于是邀请包括刘大中和蒋硕杰在内的我们几个人来教一学期或一年的课程。王先生很认真地一个个点名问道："蒋硕杰先生，你答不答应？来不来教书？"接下来问刘大中先生。当时大家都答应说好，结果最后只有我一个人来。当时刘大中正推动"赋税改革委员会"，邀我来帮忙，后来却请我改行去教书，于是我在台湾大学经济研究所教了一学期的总体经济学理论（macroeconomic theory）。

我到台大教书以后，有一件事很不习惯，就是没有自己的研究室。在美国的大学里，教员都有自己的办公室，可以处理信件或写文章，最重要的是让学生有咨询时间（office hours）。每逢咨询时间，研究室的门开着，学生可以随时进来和教师研讨。原本台大的教职员没有一人一间的研究室，只有一间大家共用的教员休息室。于是我要求一间个人的研究室，可是校方没有办法让我独自一个人拥有一间研究室，后来他们想起在我之前，曾有一位美籍教授来担任客座。他来了之后第一句话也是问："我的研究室在什么地方？"他们设法在图书馆里安排一个房间给他，所以校方也让我利用这间研究室。但是天花板上的灯盏挂得很高，光线很暗，看书都看不清楚，根本无法使用。由于校方已经很客气地给我安排了一间研究室，我不好再说光线不够，无法看书作研究，就这样在台大法学院里任教了一个学期。

（六）经济顾问与五人财经小组

以前国民政府在大陆时期，曾邀请许多外国顾问来改善中国的经济情况，其中包括普林斯顿大学的国际金融教授，在当时这是一件很了不起的工作。

1960 年代后期至 1970 年代，我们五位经济学院士也曾多次来台湾担任顾问，向来都是由俞国华先生出面邀请，他当时担任“中央银行”总裁。每逢中研院在七八月间召开院士会议时，他就利用这个机会顺道邀请我们来讨论经济问题，最后我们把完成的报告送给他参考。1975 年刘大中先生去世之后，改由蒋硕杰先生负责和我们联络一起来台。我们在“中央银行”的办公室里开会，这是经济学家和主管经济的行政官员最密切的讨论。当时重要的财经部门首长组成五人财经小组，分别为“中央银行”总裁俞国华、“财政部长”李国鼎、“行政院秘书长”费骅、“主计长”周宏涛、“经济部长”孙运璿，他们五个人对台湾的经济发展很有贡献。我们经济顾问包括刘大中、蒋硕杰、邢慕寰、费景汉、邹至庄和我。财经官员很愿意听听我们的意见，我们也不客气地尽可能说明，因为这是我们经济学家影响行政决策最好的时机。我们担任经济顾问的工作，从来没有要求酬劳。我们认为这是分内应该做的事，所以没有考虑酬劳的问题。

我们担任经济顾问的工作，常从学理原则出发，与官方的实务决策颇有出入，双方时有意见争辩，例如公营事业民营化的讨论。我们经济学者很重视民营化的问题，认为庞大的公营事业已经积弊丛生，严重缺乏效率，它的存在只会阻碍经济的发展。可是“政府”对于民营化的步调还是进行缓慢。这种现象实在令人困惑和好奇，我们想了解其中真正的原因。例如我们一再建议“政府”应该开放民营加油站的设立，主要的目的是想要打破中油公司长期垄断的局面，这才是落实产业政策的正途。可惜的是“政府”官员并不采用经济方法解决问题，而是用典型的政治方法来回应民营化的问题。我还记得有一位官员并不讳言国营事业具有安插人事的作用，让退休官员及有关人士的子弟得到安置。

邹至庄先生和我原来都参与台湾的经济顾问工作，1981 年以后有几次我也随邹至庄去大陆担任经济咨询工作。我们那时候胆子很大，没有考虑其中的利害。我只想到台湾当局应该清楚我的个性脾气，绝不会泄漏台湾的机密，却没有想到如果当时台湾的民众知道我们这些经济顾问穿梭海峡两岸，不知作何感想。万一报纸刊登这个消息，将对台湾民众造成刺激。

从1981年到1986年之间我们还是常回台湾担任经济咨询工作，但已经变成非正式的顾问。在此之前的五人财经小组时期，讨论进行的方式比较正式，我们在“中央银行”的办公室会晤“财经部会首长”。由他们提出问题，我们再针对问题分析解释。1981年以后就不再像过去那么正式，除非有重大的财经问题发生，才会找我们谈一谈。不过两岸的大环境也随着时代不断改变，现在无论是台湾或大陆，国内人才已经很多，对国外经济顾问的需求也就日渐降低。

面对行政官员所提出的各种问题，有时候我们无法光靠理论就能解决，各方面的实际问题需要深入分析思考，甚至重新检视经济理论。解决实际问题，看起来似乎不需要很精细的分析，其实经济理论里有很多问题，光懂理论并不代表懂经济。我们曾开玩笑，有些经济学博士虽然取得博士学位却不懂经济。举例来说，我们有一个农业经济系博士班的学生成绩很优异，每科都几乎满分，口试之前我们先看他的成绩单，觉得大概没有问题，应该可以及格。口试时，我们问他：“西非（West Africa）过去三年来粮食产量降低很多，这是什么缘故？”他以为我们要考生产函数（production function），就到黑板上把生产函数写下来，并说从这些公式里可以看出产量减少的原因。我们几个教授都摇头。他以为我们认为公式太过简单，于是又到黑板上一股脑儿再写一大堆更复杂的生产函数，写完之后再看看教授们的反应。大家还是摇头。这时整个黑板上全部都是公式、数字，他很得意，但是教授们还是摇头。这样持续了三十几分钟，他觉得很奇怪，于是要听听我们的看法。发问的教授说："据估计，近三年到五年西非都没有下雨，所以粮食产量很低。"这个学生跑上讲台，指着黑板上的公式说："生产函数里不包括雨量。"我们听到他这样说很感慨，这个学生平日功课很好，怎么连一点常识都没有，没有雨量什么农产品都不能生产。我们又问了几个大问题，然后请他暂时离席。几个教授互相讨论后，都认为我们训练出来的学生太过于注重技巧，反而忽略了基本常识，感叹这个学生训练得太好，但也太坏，根本是学院式教育的大失败。所以获得博士学位的学生，却未必懂得运用经济学的道理。

（七）建议采行浮动汇率

中研院院士会议每两年召开一次，1974年我们来台参加院士会议，并担任经济顾问，提出一份报告《今后台湾经济政策的检讨》；1976年再度提出一份报告《台湾财经政策之再检讨》；1978年我们又合写了一份报告《经济计划与资源之有效利用》（收录于《蒋硕杰先生建言录》，《蒋硕杰先生著作集3》，台北，远流，1995）。我们的用意是想要把经济理论的知识深入浅出地介绍给社会大众，例如有关汇率问题的讨论。"国民政府"刚迁台的时候，台币和美元的"汇率"是依照货物的类别而定，兑换台币的汇率也随之不同（multiple exchange rates）。如果用外汇进口政府认为不重要的物品时，则需用较多的台币换成外汇；反之，若用于进口政府认为重要的物品，则等值的外币仅需较少的台币即可兑换。虽然这种方法有助于国际贸易的推广，但是因为货物的分类见仁见智，经济学家认为这种做法不利于经济发展。我们首先建议解除汇率管制。这个建议现在大家都认为没什么问题，可是在当时是革命性的想法，因为“政府”认为汇率一定要管制。经济学家认为“管制”的想法不妥，因为一旦管制以后就会出现主观的判断（subject judgment），主观一旦产生，就有偏差，对国际贸易和资本流动有妨碍，这种政策应该避免。因此建议将复式汇率改为单一汇率，台币兑换美元时不论何种用途，汇率应该统一。行之有年后，我们更进一步建议应改用浮动汇率（floating rate），目的在增加一种政策工具，使财经政策运用更为方便。当时引起很大的争议，尤其我们将“floating rate”翻译为“浮动汇率”，报上批评得很厉害，说是影射“人心浮动”，这种政策怎么能采用？后来刘大中先生将“浮动汇率”改译为“机动汇率”，情形才稍好一些，其实是同一个观念。这个政策是根据经济学的推论，因为在长期发展中，唯有稳定的物价始能达到高度就业及高速成长的目的，至于国际收支的平衡则应该透过浮动汇率来达成。又因为台湾的利率因为供需关系时有升高，能立即引起较多的外资流入。由于“政府”维持固定汇率，则流入的外币资金必须由“央行”以台币购买，使台币供给无法成功控制，进而破坏物价稳定的政策。如果采用浮动汇率，此时应该听任台币汇率因外汇供给的增加而略为升值，同时远期台币汇率则因为台湾利率的升高而产生贴水（discount on forward NT$），故远期台币的贴水配合和即期台币的升值，将可打消台湾利率较高的吸引力，减少外资进出带来金融波动的风险。以上的汇率政策和实施理由已在 1980 年 7 月向“政府”提出的建议中详述。1997 年发生的亚洲金融风暴，台湾较泰国、马来西亚、日本、南韩抵得住金融波动，就是因为我们在许多年以前就已经主张采行浮动汇率。

关于此事还有一个插曲，我们向“中央银行”的官员建议要改采浮动汇率，但是主管外汇的官员却要我们替他分析，教他如何进行。过了一段时间都没有见到什么具体成果，日子一天天过去，直到我们快离开台湾了，他还没有来报告成效。于是我们去“中央银行”见副总裁李干，请他打电话找负责的人来说明。我们问他为什么不执行，他说：“你们几位院士不过停留几个星期就要离开台湾返回美国，万一我做不好，会有被砍头的危险。”虽然他说的是实话，我们还是很不客气地批评。李干先生觉得我们的批评太重了一些，就说：“好，你们几位院士留下一年再走，我们就根据你们的意见改成浮动汇率。”我们素来知道李干先生是个非常客气、圆融的人，现在讲出这句话，显然他也不以为然。第二天刘大中先生亲自到李干先生家里道歉，说我们措辞不当、讲话过重了。当时我们都认为浮动汇率是很重要的政策，既然有了决策，就要去执行，要有胆量去做。现在回想起来，当时我们欠缺经验，沟通技巧有待加强改进。

（八）建议征收加值税

我们几个经济顾问曾建议立刻推行课征加值税（value added tax）。这是刘大中在“赋税改革委员会”中早已提出来的建议。加值税是一种消费税，因为消费不利于经济发展，所以要课税；投资有利于经济发展，所以投资生产不课税。同理可知，出口有利于经济发展，所以出口品也可以退税。例如我购买一个玩具，这是消费行为，所以要付税；如果是厂商购买，则是一种投资行为，不必付税。所以加值税的观念就是以购买行为的目的作为判别课税与否的标准。简言之，就是用在生产方面，不要付税；用在消费方面，要付税。加值税讲起来很复杂，其实就是这么简单的观念。这一点我们当年已经讨论得很清楚。可是有人也许弄不清楚，认为加值税将提高物价，所以刘大中设计的加值税经过了十三年以后才付诸执行。反观南韩对于台湾的赋税改革很有兴趣，曾经派了许多人来考察，把我们的组织、研究方法等所有的内容完全抄袭过去，立刻采行我们主张的加值税。台湾却足足等了十三年才实行。

原来财政官员对于加值税的建议颇有疑虑，和浮动汇率的情形如出一辙，他们要求我们留在台湾一年，按国外的薪水支付，以协助加值税的推行。从这两个例子可以看出，经济学者和官员对于问题的看法有所不同。我们主张加值税，虽然对于消费者可能较不合理，可是目的是要加速台湾的经济发展。欧洲许多国家现在也多采用加值税。

（九）会见李登辉与亚洲金融风暴

我和李登辉先生的接触始于1963年，他在农复会担任技正之时，我三天两头常去向他要资料，他帮了我不少忙，使我能够完整地搜集到台湾经济发展的相关资料。1968年我有关台湾土地改革的书出版时，在序言中第一个感谢的人就是他。我曾在家里宴请他，也与他的夫人相识。

1998年我回台湾参加中研院院士会议，下机后就遇到两个新闻记者追问这次院士回来对远东金融风暴有何意见。我答说这个问题涉及到许多国家，我没有研究无法贡献意见。接下来在回台北的途中，我说多年前曾去美国阿拉斯加观光，行经它最北的一点，发现上面有一个很高大的雷达站，并且有许多士兵保护。据说这是一个预告警报站，目的是提早数十秒预先警告美国空军有对方来袭的飞弹。我说这个预警站的用意，也可应用到金融风暴上。记者听了预警制（Early Warning System）的名词，觉得可以写一些报道文章在报上发表。

7月7日上午，我们经济学院士按照往常惯例一起去见李

图为顾应昌（左一）与蒋硕杰、刘大中、李国鼎、费景汉等人的合影。

登辉，主要谈论亚洲金融风暴以及有关人民币的汇率升贬问题。与会的人士大致认为人民币可能不会贬值，报章也已刊登朱镕基向美国保证人民币不会发生问题。不过人民币贬值有利有弊，一般的看法认为人民币不贬值对世界金融的影响比较好。人民币一有波动，其他国家也会随之动作。经济体系好像是一个连环链，你来我往，反复循环不已，潜在的危险很大，例如台币贬值也是因应亚洲经济的影响。

亚洲金融危机让大家回想起 1929 年发生的世界性经济大萧条（Great Depression）。由于大家只顾自己国内的经济问题，认为他国的经济萧条不干自己的事，恶性循环的结果造成世界性经济崩溃。这种不可思议的情况，也是我们讨论的问题之一。

我和李登辉也谈了许多关于土地改革的问题。自然科学家和经济学家对于土地改革的看法不同，自然科学家的看法是物质取向的（physical approach），例如只看到土地、劳工；经济学家的看法是全面性的价格取向（price approach），价格是一切问题的根本，价格太高就无法满足需求。所以我的朋友说他的房子卖不出去，我告诉他："你的价格太贵了。"这是经济学家和普通人看法不同的地方。经济学家考虑的是价格、市场等整体经济的问题，但是对一般人很难灌输这种想法。在谈话中李登辉非常关切1997年的亚洲金融风暴及其可能对台湾经济的影响，并询问台湾应该如何防备等办法。我就重提美国空军的预警雷达一事。李登辉立即说可以借用这个观念，当场决定在台北召开一个学术会议，研究这种金融预警制的问题。后来中研院经济研究所和"中华经济院"就筹备在1999年年初举行一次会议，并邀请许多世界级的专家学者来参与（详后"亚洲金融风暴"）。

（十）院士们对经济政策的共识

在讨论台湾经济问题的时候，我们几个经济学院士的看法完全相同，这是很不容易的事。一是我们从经济学的角度出发，注重从储蓄到投资的过程，认为没有储蓄，就没有投资；没有投资，就没有工商企业的创立，如何能发展经济？二是强调效率，政府要作有效的监督。经济学家认为唯一可以促进工商业效率的就是竞争，没有其他的办法。为了提高产业界的竞争力，政府必须取消各种保护政策，和外国公司竞争。例如有人认为每个国家都应该要发展自己的汽车工业，所以台湾要保护自己的汽车工业，不要购买从外国进口的汽车。结果裕隆就等于是另一种国营企业，国营企业意味着公司经营并不是完全以营利为取向，目的在于解除失业的压力。经济学家很难接受这种保护主义的论调，道理很简单，因为只有竞争才能产生刺激，工业才能进步。如果一味注重保护，不能提升竞争力，全民将为此付出代价。有一次我们在聚餐的时候，席间讨论起这个问题："假设家里有一个孩子，在保护他三十年以后，还要继续保护吗？"有人答说："有些政府要人的子女并不是每个人都能像各位院士一样杰出，可以到美国去留学有成，万一有个孩子不太成器，或是要在国内就业，政府就必须设有许多事业机构来解决这个问题。"这就是公营企业存在的理由之一。

台湾的情形很特殊，公营事业长期以来都是党、"国"一体，主要原因与早期党政合一的政治环境有密切关系。这种结构一直到最近十年来才有较大的变化，新的政党纷纷成立，党、"国"事业因此被迫分离。党营事业的形态并不合乎民主政治的精神，美国就不曾出现这种情况，因为它违背政党政治公平竞争的原则。中共也实行公营企业，同样成效不彰，而取消私有化牵涉到社会、政治、文化等各种不同层面的因素，必须实地考察，依实际情况再下定论。关于这点，我们几位经济学家都抱持相同的看法。

如果硬要说我们几个经济学家之间看法有何差异的话，可能要属费景汉先生比较倾向发展（development）。但是他也不同意有些人的说法，将经济发展形容得过度美化。例如“经济起飞且持续成长”（take off for sustain growth），将经济发展描述成好像飞机起飞，然后就一飞冲天，来形容台湾的情形。其实“持续成长”是一种叙述，并不是事实。一个国家的经济发展与成长永远必须保持警醒（watchful），只要连续几年发生问题，经济马上就走下坡了。我们总是提醒年轻的经济学家：“台湾的经济发展已经可以了吗？”一定要持续观察，需要改革的地方就要勇于推动；不需要改革的，就要继续维持。

还有一点是关于竞争的理念，唯有竞争才会产生“正确的价格”（price is right），而保护政策之下所产生的价格是扭曲的。取消保护之后，价格重新调整回到合理的水准。这个价格不是政府规定的，而是市场上的供给和需求共同决定的，众人的智慧就在于此，这才是一个民主的机制。有些人主张政府的力量应该尽量扩大，认为日本经济发展成功都要归功于政府部门（通产省，Ministry of International Trade and Industry）努力推动的结果。这种说法我们经济学家并不完全赞成。例如当初日本要发展电子工业（high density TV），虽然我不是电子业的专家，据我所知，当初日本政府选择的发展路线是类比（analogue）式，耗费许多政府和私人的共同投资。在美国，对于这种政府鼓励工业发展的做法，许多工商界人士均不以为然，而且美国电子工业的发展路线是采用数位系统（digital approach）的方式。刚开始之时数位系统故障很多，总是落后日本，但是美方不断地研究改进。原本另辟蹊径领先美国的日本，看到数位系统比较好，想要回过头来追赶美国，却已经追赶不上了。

工商业的发展是无法预料的，企业家的看法多倾向美国式的自由市场制度，强调竞争的重要性。至于自由交易的价格如何决定，端看在市场中交易的需求和供给情形而定。例如“谷贱伤农”的说法，“谷贱”对于消费者有好处，消费者买东西当然愈便宜愈好，但是这个价格如何决定？应该高一点还是低一点？经济学家的看法是依照市场机能来决定价格，一般人未必能了解这一点。曾有一位政府官员（周书楷）问我们是否可以订出一个“利润率”（profit rate），我们开玩笑地对他说：“竭尽所能。”（What should profit rate be？ Just as high as you can get.）我们的基本看法是“竞争”，而一般人的认知是要解决“贫富不均”。我们承认贫富差距的问题应该要纳入考量，可是最重要的是要把这个饼做得更大，要均富而不是均贫。每个人的哲学观点或有不同，有些人的出发点是“不患寡而患不均”，可是我们却认为必须先富了以后，再谈平均与否。现在有人为了中国经济发展的一些名词问题争论不休，反倒不如先让老百姓富有起来，再来谈这种问题。至于政府应该扮演什么角色？如果有人操纵工业生产，利用外汇管制，想尽办法保护工业，阻止竞争，这就是竞争障碍或市场扭曲（barrier to competition or market distortion），这种因素应该排除。我们和李国鼎先生谈财政问题、和孙运璿先生谈经济问题，就可以知道台湾经济发展问题的所在。

我一向强调政府控制竞争是徒劳无功的，经济学家都主张要排除控制。那么政府的功能何在？政府要建立制度，引导经济的运作。举例而言，如果要决定利率，由“中央银行”挂牌是行不通的。因为利率应该要依照资金的现货和期货的成交量来决定，而不是事先决定。所以在台湾由买卖公债的债券市场代表利率市场，再由“政府”设立证券交易所，证券和公债买卖的时候就决定利率。所以有关政府角色的问题，我认为政府应该做的就是建立制度。

七、台湾经验

（一）台湾的“土地改革”

台湾的“土地改革”是由陈诚副“总统”推动，再由农复会主任委员蒋梦麟先生领导执行。农复会的经费来自于美援，所以人事制度受美方影响，待遇很好，效率也高，吸引了很多人才。蒋梦麟先生是一个很有理想的人，他担任主任委员，直接领导农复会的联合委员会，沈宗瀚先生是委员之一。蒋彦士先生担任农复会秘书长，他也是金陵大学农学院出身，人很能干。后来美援终止，美籍委员不再参加农复会，蒋彦士升任委员，谢森中则升任秘书长。谢森中对于经济方面的理论和分析工具很熟悉，也和李登辉先生很熟，他们两人常常合写文章，双方的关系大概就是从农复会任职开始。

台湾的“土地改革”完全依照当时的情况需要而设计。从台湾自己的问题出发，没有参考其他国家的土改范例，如日本、韩国。农复会在大陆时期就已经开始推动“土地改革”的工作，但是当时国民政府的支持者多半是地主阶级，所以没有办法全面实施。我特别要指出值得注意的一点，当国共内战失利，国民党开始撤退时，在共产党攻占的地区里，反抗最激烈的就是曾经实行“土地改革”的农村。

我曾和蒋梦麟先生长谈“土地改革”与“建国兴邦”的问题。蒋梦麟先生很了不起，对于许多事物有先知先觉的看法。他认为一个国家要富有之后才可以谈分配，要追求均富而不是均贫。他也是最早提倡人口节育政策的其中一人。他提出均富和节育的主张远在大陆推行这些政策之前。我很赞成他的看法。我们谈得很投机，但是他的秘书认为蒋梦麟先生年事已高不宜长谈，于是先关闭冷气，暗示我们结束谈话，但是我们在窗户紧闭的高温之下依然谈兴不减，最后她把电灯也关掉，蒋先生才结束谈话。我曾请教他，比较在北大担任教授和在台湾推动“土地改革”两个时期，就他的生涯而言，那一个阶段比较重要而有意义？他的答案是北大时期，北大经验留给他一个很深刻的印象。

台湾将要进行第二次“土地改革”之际，特地举办一场学术讨论会，我在会中直言不讳：“我们需要第二次“土地改革”，就是因为第一次改革没有成功。”与会人员认为我的说法不对，第一次土改不是很成功吗？其实台湾第一次“土地改革”的目的是为了保护佃农，政府也因那次改革获益良多，可是对佃农保护太过，以致土地不能有效地合并利用，无法增加生产，所以需要第二次“土地改革”。

“土地改革”还意味着人力教育政策的配合，一是观念的革新；二是人口政策的推动。推行人口政策，首先必须从男女平权的观念做起，劳动经济学对于女子教育的价值有很精辟的分析。李国鼎先生在讨论人口问题时，也建议提高女子的社会地位。例如现在新加坡的家庭子女数目都很少，前总理李光耀说几年之后新加坡的人口会出现负成长，一如日本现在的人口问题。因此对于女子教育与人口问题之间的关系，不能再像过去一样轻忽。

（二）设立自由贸易区

李国鼎先生对于台湾的经济发展贡献良多，我们应该予以重视并重新定位，其中重要的贡献之一就是设立加工出口区。他的构想源自于当时台湾的各种税收繁多，而且行政程序极为复杂，不利于经济发展。如果全省都能取消税收壁垒和复杂的手续当然最好，可是受限于当时的大环境无法做到，于是他想出一个办法，设立加工出口贸易区，将区内一切法令和税收简化，免除进口原料和半成品的关税，而由台湾供给劳工人力。加工出口区就是经济学家认为政府应该做的“制度建立”（institutional building）工作，李国鼎先生在这方面有很大的功劳。他所创立的加工出口贸易区加速了台湾的经济发展，后来新竹科学工业园区的设立也是沿用此一构想，成立一个科学城来鼓励科技工业的投资，将台湾科技产业带动起来。

1998年我来台参加中研院院士会议，因为时差使作息日夜颠倒，晚上睡不着，就翻阅“行政院副院长”刘兆玄提出的“台湾科技发展文件”，内容写得非常好。可是我个人有一点看法，文件中所提到的都是发展科技的办法，例如人员训练、技术研发等。我想他是一位化学家，难免较偏重技术层面。后来我们见面时，我就告诉他，我完全赞成现在台湾的做法，用“政府”财力大力鼓励科技的普及与研究，可是另一方面政府也可以用赋税的办法，鼓励私人企业投资科技，让科技也能在工厂和私人企业里发展起来，使私人企业在科技总投资之中所占的比例逐渐提高。简而言之，就是利用赋税办法鼓励科技产业的发展。过去刘大中先生主持“赋税改革委员会”，主要目的之一就是要增加政府的赋税收入；后来李国鼎先生在“财政部长”任内最重要的任务也是筹措经费，提供九年义务教育和“十大建设”的需要。但是以目前台湾的经济实力而言，财政的着眼点不应该只放在税收上，应该考虑税负对经济发展长远的影响。

（三）台湾经验成功的原因

历史的发展很有趣，同一件事过了几年之后再回头来看，想法往往不同；经过一百年之后再重新思考，结果也许完全两样。台湾的经济发展现在看起来很成功，我利用许多资料来分析其因素，例如“政府”所采用的经济政策、实施办法等，却发现都值得重新思考和评估。也基于这个原因，我每次回台湾都会去拜访李国鼎先生。李先生留学英国时主修物理科学，他对于问题的看法倾向个别性的分析；我们经济学家则是着眼于全盘考虑，特别注重价格的因素。当然他的看法也有可取之处，但是和经济学家的看法有些不同。例如扶植工业发展的问题，经济学家认为不能因为工业竞争力微弱就采用保护的措施，短时间之内工业看似发展起来了，可是长时间看来，保护措施不是解决问题的根本办法。

台湾经济发展成功的原因很多，例如李国鼎先生曾在《*The Evolution of Policy Behind Taiwan's Development Success*》（2nd edition, World Scientific, 1995）一书中提到四点：第一是台湾人很聪明、勤奋；第二是美国的支持和援助；第三是日本过去留下来的基础建设，如土地测量等；最后，还有正确的经济政策。我同意他的看法。但是关于他提到所谓的“尹仲容的计划式自由经济”，亦即政府领导市场的发展策略，我有不同的意见。“计划式自由经济”这个名词很吊诡，既是计划，又是自由，两者互相矛盾。他的意思其实就是政府首先应该排除竞争的障碍（barrier of competition），走向自由经济；其次以政治力量建立制度，支持自由经济发展。身为经济学家，我们在刚开始的时候对“计划式自由经济”这个名词无法同意，后来慢慢了解其内容，也就同意他的看法，只是这个名词很容易令人误解。除了名词的问题之外，还有“领导市场”（leading market）的说法也很难理解，从经济学来说应该让市场领导我们（Let market lead us.），而不是政府领导市场。关于这一点经济学家和官员的看法也有所不同。

李国鼎先生认为台湾人民很聪明勤奋是经济发展成功的一个重要原因。过去我在美国不大注意这个因素，近年有人提出经济发展的先决条件（initial condition）很重要，也就是发展的起点很重要。哈佛大学的 Denny Redlik 教授比较一百多个国家的资料，发现其中有几个国家经济成长特别快，个中缘由何在？他归纳出结论在于劳工教育程度比较高。另外，他还指出这些成长较快的国家推动经济发展的首要条件，就是国民所得比较平均、教育比较普及，而非洲和拉丁美洲就缺乏这些先决条件。我认为除了这些之外，台湾还具备了政治的安定（political stability）和中国人传统的儒家思想（Confucianism）。后者包括节俭、注重教育，强调先修身、齐家，再治国、平天下等想法。以上都是促成台湾经济发展成功的因素，未来应该持之以恒，继续努力。

至于美援对台湾经济发展扮演什么角色，李国鼎先生很客气地说美援也带来相当正面的影响。但是有些学者不以为然，例如英国经济学者 Ian M. D. Little 的研究就认为美援对台湾的贡献不大。虽然美国人喜欢强调美援的贡献，台湾也承认美国提供不少经援，不过有学者指出在美援机构的部分美方官员在校成绩欠佳，所做的建议大多数不合乎当时台湾的需要。

台湾之所以成功的理由，还在于它有一个别国所无的非经济性先决条件，就是“置之死地而后生”，这句话可以用来形容“国民政府”迁台以后所面临的困境和种种努力，这种时代背景是台湾所独有的。1968年刘大中先生来台主持“赋税改革委员会”。台湾的夏天即使到了下午五六点的时候仍然酷热难当，大家都不想工作，他说：“我们还是继续工作，早日完成，否则再不努力，就只能退到太平洋里去了。”这就是置之死地而后生的精神最具体的说明。

我在哈佛大学求学的时候，虽然研读财政政策、货币政策等理论，但很少思考经济学的应用问题。直到来台湾担任经济顾问，才真正面临实际的问题，我当然希望能够运用自己的所学和经验来协助解决问题。在过程中我学到在经济学里经验的累积很重要，经验就是一种学问。我曾经遇到一个计程车司机，他每天辛辛苦苦地工作，支付买车的成本（分期付款），并缴税给政府。政府却用纳税人的钱来保护汽车工业，使他要支付的汽车成本因保护政策而提高，这很不公平。我认为寻找或创造一个更合理的制度，是经济学家的使命感。

提到知识分子的使命感，我的叔父顾维钧先生曾告诉我一则轶事。1950年哥伦比亚大学选了十篇论文出版，他的论文也在其中，题目是《外国人在中国的地位》（*Status of Aliens in China*）。其实这篇文章原来只是论文的序言而已。正好当时袁世凯需要一位英文秘书，并得立刻应聘上任，他很踌躇是否应该答应，就去见指导老师，因为他的论文还在撰写之中。老师问他："你念完学位之后有何打算？"他答说："想为国家做一点事。"老师就要他把撰写中的论文交来，看完序篇之后就说："这样就够了。"立刻让他毕业，取得博士学位，这就是他投身外交生涯的开始。我想自己多少也受到他的影响吧。

（四）亚洲金融风暴

1998 年 7 月我们来台北参加中研院院士会议，并讨论亚洲金融风暴的问题。我建议由亚洲各国派几位专家学者提出报告，邀请政府官员与会，由各方面合作交换意见，可以得出比较有用的结论。有人质疑类似的金融危机会议已举行过很多次，是否有必要再举办？但我认为有必要从另一个角度来检讨这个问题，因为各国在面对金融危机的时候，都是从本国的立场去考虑，应该摆脱过去的本位立场，所以区域预警系统（early warning sign）的建立十分重要，否则不能彻底解决国际金融问题。首先，要分析每个国家发生金融危机的确切时间和特性，以便掌握未来金融危机发生的时间。虽然每个国家的警兆不同，但都和整体区域的金融活动息息相关，藉由分析过去的痛苦经验，可以积极提早准备因应可能发生的金融危机。召开这个会议的另一个理由是分析金融危机的"传染"特质。以韩国的金融危机为例，"传染"的路径是否从韩国经第三国再冲击台湾地区？要厘清传染的空间，找出它的路径、管道，明白金融危机如何发生、如何传播，才能避免恐慌。会议应该锁定一个研讨焦点，才能使大家共同努力集中目标与方向，而不是随便发言就散会。这次会议所提出的论文不日将由 Edward Elgar 集结成书出版。

现在全世界各国都有企业民营化的趋势，这个现象和金融危机的发生也有关系。因为民营企业向银行融资，如果积欠银行巨额的贷款而无法偿还，就会产生金融危机。由于国际货币基金会的资源有限，没办法同时满足所有国家的资金需要，所以要判断各国金融问题的大小和影响的轻重，再决定处理的优先次序，不能头痛医头、脚痛医脚，或像救火队一样为人灭火疲于奔命。首先必须了解金融问题的全面性，再依序处理。

（五）台湾与亚洲经济研究

我认为 Klein 教授给中研院经济研究所提供的建议很宝贵。他认为台湾的经济学者应该充分利用台湾具有的优势，包括过去的发展经验和目前的区域地位，使台湾成为研究东亚经济问题的重镇。他到以色列访问时，也曾提出相同的意见，建议以色列把握历史和地理的优势地位，发展成为近东（Near East）经济研究中心。他认为台湾和以色列都极具区域特色，应该掌握主、客观条件，致力于区域经济问题的研究。我很同意Klein的观点，希望经济所发展独具研究特色，一方面因为台湾拥有傲人的经济发展成就；另一方面经济所人才济济，具备了这两项得天独厚的条件，应该积极朝向这个目标努力。

目前学术界很流行探讨美国经济发展的模式，台湾也不例外。台湾有很多学者对美国的经济学具有高度的兴趣，我不反对台湾的经济学家研究美国的经济问题，但是相较于研究台湾则是一种相对的不利（comparative disadvantage）。我认为台湾的经济学家应该致力于研究台湾的经济问题，不要让其他国家的学者专美于前。我们虽然没有英国那么悠久的经济理论传统，但是仍然可以藉由目前的各种优越条件来发展经济学研究。我认为应该多利用举办国际学术会议的方式集思广益，希望未来台湾在东亚区域研究上可以领袖群伦，继而成为世界性经济学术社群的中坚分子。

八、参与大陆经济改革

（一）初访大陆

美国经济学会代表团

1981年我第一次返回大陆。美国经济学会曾资助大陆经济学家组成一个十二人的代表团到美国访问，美方本来预定进行回访，但是因为一些政治因素而拖延两年，直到1981年美国经济学会才组成一个十人的代表团访问大陆，邹至庄、蒋硕杰、费景汉及我四人都被邀请参加（其中蒋硕杰和费景汉因为任职和台湾“政府”有直接关系的机构不便访问大陆）。由芝加哥大学的D. Gale Johnson教授担任团长，代表团分成两批，分别在北京和上海轮流讲学一星期，并和大陆经济学家讨论美国的经济情形。每次讲学安排两个人上课，其余的团员可以到各地参观旅行。Johnson 教授已去过上海，于是请我代为率领去上海的代表团。我问他："团长要担负什么责任？"他笑一笑说："没什么，就是当上海的接待单位派车来，并问谁是团长的时候，你就乘坐第一部车子。"我觉得很好笑，但还是答应了。

代表团到了上海，果然第一件事就是负责接待的人问道："谁是团长？"我答说："是我。"他们就安排我和内人搭乘第一部汽车，并由外事处处长和一位翻译员作陪。我说："我不需要翻译，请翻译员去陪外国人，因为他们不懂中文。"但是大陆的体制非常严格，规定外事处处长和翻译员一定要陪团长。内人想出一个折中的办法，她说："我去搭乘别部汽车，顺便当翻译，让外国人能多了解一些。"这么一来团员们都很高兴。

当时的上海外事处处长（忘其名姓）是生长在台湾的人，他于 1949 年前往大陆参加共产党，后来担任上海外事处处长，等于是一种酬庸和样板。事实上他对上海的情形并不了解，对于台湾近年的发展情形也很陌生，反而都是我告诉他有关台湾的情形。他导览一些上海的景物，我自幼在上海生长，一听就知道他说得不对，不过我也没有戳破。例如汇丰银行（The Hongkong and Shanghai Bank）是上海最大的外国银行，它的业务扩张有两个重要的原因：一是中国为了修筑铁路向英国借了许多外债，英国人规定铁路收入必须存入汇丰银行以备偿还；二是因为中国对外举债和赔款以关税做抵押，所以规定海关收入也必须存入汇丰银行。此外，它还对外发行钞票。当时的汇丰银行就好像英国派驻上海的金融和商业代表。汇丰银行门口原来有两座很大的石狮子，我问道："石狮子呢？"他答说："石狮子代表英国帝国主义，被我们拆掉了。"我说："石狮子是中国固有文化的一部分，如果是英国人建造的，也是他们抄袭我们的文化。"他对很多街景和建筑物的掌故讲说错误，例如他提到某处老建筑昔日的用途，其实我知道那原来是著名的百乐门舞厅，于是告诉他正确的说明。但我始终没有说穿我是上海人，因此他觉得很奇怪，为什么我知道的比他还多。

我们住在上海的旅馆，每天一大早就出门，因为到了八九点以后就会有人来整天作陪，如果我要去什么地方，把目的地告诉他们，由他们叫来计程车一起前往。我只好设法趁着清晨一个人搭乘公共汽车到处看看。上海的公共汽车已经改了样子，和当年我离开之前不同。可是我发现上海市民有很多人清早出来倒马桶，显然许多人家中没有抽水马桶，这情景和四十年前我离开时仍然一样。上了公车之后，我拿出外汇券支付车资，他们没有见过外汇券，因为外国人不会搭乘公共汽车。后来有人知道外汇券的价值，就和我兑换，因为外汇券比人民币价格高。我用上海话向一位老太太买报纸，并问她："我的上海话讲得怎么样？"她说："就一个外地人来说，你的上海话学得还可以。"另外，我还有一个语言变迁的经验。我住旅馆的时候通常向服务小姊讲上海话，虽然我算是老上海，但是现在上海人把"烤面包"称为"吐司"、把"糖酱"称为"果酱"，对我来说都是新名词。这使我回想起二次世界大战期间的趣闻，德国人派遣一批间谍渗透到美国，但最后都被美国人识破而抓起来，原因是这些间谍虽然被训练得很好，英语也没有问题，但是他们还使用美国已经废止流通的旧钞，说一些当时人们已经不再使用的词句。我的措辞用语和上海当地人不同，等于露出马脚，幸好他们没有把我当成是台湾派去大陆的间谍，把我抓起来拘禁。

参访旧时校园和故居

1940 年我离开上海，1981 年才回去，这期间上海的变化很大。我毕业于上海圣约翰大学，趁机回母校去参观，同行的也有其他前后期的校友。校园改变很多，例如我们原是教会学校，有一个小教堂，已被拆掉；过去校园里有一棵很大的树，现在也被砍掉不在了。以前学校的宿舍现在变成公寓，一户紧挨着一户。石牌楼也被拆了，我还记得 1935 年适值五十周年校庆纪念，牌楼上有一副对联："环境平分三面水，树人已半百年功"。由于这副对联说明校址建于半岛之上的地理特征，也巧妙点出建校时间，所以印象特别深刻。这副对联是我的中学老师题的，他是嘉定人，中文造诣很好。校园景物全非，要回忆过去的学生时代，也无从回想起。

我也回到以前住过的旧家去看一看，不去则已，去看了以后实在很难掩内心的激动。由于我的姊姊、弟弟都在美国，现在住在那里的人都是一些远亲。旧房子里住了好几户人家，他们问我要找谁，我说："我没有要找人，只是看看。"他们不喜欢我在房子里到处走动，于是我只好解释我以前曾住在这儿，他们也就比较不会排斥我这个"陌生人"。

在第二次访问大陆的时候，我也曾回上海试图寻找我父亲的坟墓。那时候我因为担任经济顾问，与赵紫阳总理认识，透过他的安排备了车辆，让我方便不少，否则上海地方这么大，找起来很不容易。但是我终究没有找到父亲的坟，可能已经被迁移或拆掉了。

久别中文环境而生疏

我自从离开上海之后，就没有再使用中文，所以中文很生疏。有一次台湾的"教育部长"写信给我，用八行纸写的信，非常正式，信里提出一些问题请我答复。我不好用英文回信，就请一位研究生帮我草拟回函，他的中文程度很好，信的内容没有问题，但是他在信上我应该具名的位置画了三个圈，使我无法在上面签名，只得再抄一遍。可是其中有一些草字我无法辨识，只好把信纸覆盖在原稿上临摹。对我而言，用中文回信实在太困难了。不只我一个人有这种困扰，其实很多学者都有相同的经验，所以后来负责和国外联络的政府官员也用英文写信给我们。我用英文写信比较通情达意，不像写中文信要查字典，花很多时间。因为中文的书写方式和口语表达有很大的差异，主要在于格式的问题。现在我的中文程度还可以阅读报纸，几十年前除了纽约之外，美国各大学都没有订阅中文报纸。

许多华侨的中文程度也和我一样有问题。大陆刚对外开放的时候，很多华侨回国，在广州入境时需要填表，却看不懂表格上的文字。海关人员生气地说："身为中国人，连中国字都看不懂！居然不会写中国字！"领队就说："这些人是华侨，他们回来扫墓祭祖，看一看祖国，你们应该鼓励他们。在国外没有中文的教育机构，中文程度自然很差，你们的态度怎么如此不客气呢？"可见如果没有长期在国外居住的经验，就无法了解这种情形而予以苛责，有时甚至产生误会或因此误事。例如有些国内的朋友发传真（fax）文件给我，上面全写中文，连一个英文字也没有，幸好当时任教的学校里经济系只有我一个中国人，勉强还可以收到。否则像现在美国各大学里有许多中国留学生，如果有一封中文信连一个英文字都没有，到底要交给谁呢？

北京行再见浦山

1981年我率领的美国经济学会代表团，在上海停留几天之后，再去北京。当时经济改革刚开始推动不久，我对大陆的普遍印象还是生活很苦、很穷。在北京的时候，有一位团员 Anne O. Krueger 想买香蕉，大陆方面的招待人员走遍整个北京市买不到一根香蕉。

我在北京和老同学浦山、邹斯颐见面，他们都是资深的共产党员，只是过去我不知道而已。“文革”的时候，他们为了避免招祸，把哈佛大学的学位文凭烧掉，那是用羊皮纸做成的，很不容易烧毁，可是他们还是费了不少力气把文凭和书籍都销毁。浦山的年纪比我轻，学术成绩很优秀，在 1940 年代麻州理工学院和哈佛大学的经济系研究生之中是一个杰出人才。Schumpeter 教授曾邀请他留任哈佛经济系的助教授，浦山是第一个获此殊荣的中国人。据他告诉我，他当时没有接受，第二天 Schumpeter 教授再挽留他，并邀他合写一本书，主题是“熊彼得动态经济学”（Schumpeterian Dynamics），以对抗“凯因斯经济学”（Keynesian Economics）。浦山随即说要回去好好考虑，因为当时 Schumpeter 的学术声望与 Keynes 足可匹敌。过了两天他仍然答复不愿意留在哈佛而决心回国。浦山在 1946 年回到大陆，后来被打成右派，遭受长期的软禁。1981 年我首度返回大陆，问他是否想要保留从前撰写的论文，我可以帮忙复印邮寄。他表示这些事已经过去太久了，不愿意再回顾。浦山留在大陆的时间很长，很维护共产党，认为毛泽东固然有许多错误的政策，但也是因为身为学者的他们没有尽力的关系。1996 年他来美国，和我谈了许多，几乎仍是维持这种说法。邹斯颐的年纪也此我轻，同样很杰出优秀，曾在著名的期刊上发表论文。我问他是否要再取得博士论文的影印本，他答应了，我回美国之后就寄了一份给他。

浦山得知许多国外的经济学家来到北京访问，问我是否可以到我们下榻的友谊宾馆来拜访，他希望有机会能和这些经济学家谈一谈。我说："没问题。晚餐结束之后，请到我的客房来。"他很高兴，因为多年来他一直没有机会和国外学者接触。他的英文与口才都很好，是一个非常聪明的人。贝克教授（Gary Baker）也是代表团的成员之一，当时正坐在客厅里和大家辩论，主题是社会主义和资本主义的利弊，于是浦山加入这场辩论。他们从晚上七八点开始，一直辩论到十一点半左右，因为两人都很聪明，辩论非常精彩，许多经济学家都听得兴味盎然。辩论结束之后，Baker 教授告诉我他早就知道浦山这个人，原来他从前还是研究生的时候，曾阅读过一篇浦山在《计量经济学》（Econometrica）上发表的文章，深感佩服，今天相见一谈，如逢知己。

我们在友谊宾馆住了几天，团员们陆续结束他们的讲学活动离开北京，内人也先行离开，最后只剩下 Baker 夫妇和我。这时中方的接待单位居然要我们搬离，换一家比较便宜的旅馆。一天区区几元人民币的住宿费都要计较，令我觉得非常尴尬。最后 Baker 教授告诉对方，如果坚持一定要我们搬出去，他即日返美，我们才没有更换旅馆。另外一则笑话是当时旅馆门禁森严，通常访客都是先在大厅等候，由服务人员打电话通知受访者。我们代表团的翻译员小红也一同住在友谊宾馆，她要回房间去的时候，服务人员阻止她。小红告诉他："我住在这里。"服务人员不相信，说："我要打电话先问问看。"小红说："我就在这儿，怎么可能在房里接电话呢？”

小红及共产党制度下的中国青年

美国经济学会代表团在大陆访问的时候，小红奉命担任我们的翻译员。她非常聪明，人也长得很漂亮。我告诉她说我不需要翻译员，想到哪儿都可以自己去。但是她坚持要担任向导，帮我带路。我想趁机溜走，就托词说这条路想要自己一个人走一走。她说：“你大概想要参观博物馆。”就去帮我买票，因为由她购票可以比我自己买便宜一些。我知道她其实并不是为了帮我省钱，而是要监视我。过了几天之后，我们变成熟识的朋友，她就承认因为我是国外来的人，身份特殊，她的工作就是监视我，跟着我到处走动。

我也透过小红个人的经验了解现在中国年轻人的一些想法。她以优异的成绩毕业于外语训练所，按照惯例，最优秀的人才就分派到特殊机构工作。小红说：“我非常感激老师很照顾我，否则可能被派到新疆去工作也说不定。”事实上就有人因为和上司关系处不好，而被派到西北去工作。她也提到在大陆年轻女子的观念里，宁可和一个不相爱的外国人结婚，也不要嫁给外地人。因为和外国人结婚之后，两人可以住在一起或到国外去。否则嫁给一个外地人，如果女方是北京人，男方是山东人，结婚之后女方还是得留在北京工作，不能去山东；男方也只能回山东去，不能留在北京。因为北京、上海等各大城市的户口管制很严格，一年之中只允许有一段短时间夫妇可以在北京团聚。而且结婚必须经过工作单位的批准，如果工作单位不批准，婚后就无法分配到住房。由于人民生活穷困，只好跟着共产党走，毛泽东的做法就是如此。而一旦人民富裕起来之后，就能自由行动，任何地方都能去，也可以在外面租房子，用钱购买食物，不一定非要住工作单位分配的房子不可、非用粮票不可。所以人民富裕之后，就再也无法控制人民的自由。

小红被分派到我们的代表团工作之前，原本是替美国的摄影队担任翻译工作，他们到大陆拍摄“中国之美”（Beauty of China）的电影，这是华特·迪士尼公司（Walt Disney Company）所拍摄的一部介绍中国文化的电影。她非常喜欢这份工作，每天清晨六点起床，七点就去上班，直到很晚才回家。她这样努力的工作，政府却不准她收取额外的津贴，大家都替她不平。于是公司决定要多付给她一笔额外的奖金，顺便邀请她随团一起到中国各地旅游，但是上级都不批准，然后她就被安排到我们的代表团来工作。这个代表团都是经济学家，而且年纪很大，她这么一个年轻的女孩不会对这个工作感兴趣，可是也别无选择。

北京讲学见闻

美国经济学会代表团在北京停留的最后一个星期，由我和贝克教授搭档讲学。学生推派代表向我要求：“顾教授，最后一场演讲是否可以请您用中文？”对我而言，这是一个很大的负担，因为有些经济学专门名词翻译成中文难免有些出入，况且我对自己的普通话发音也不大有把握，所以很犹豫是否应该答应，就问他们为何提出这个要求。原来他们这批学员之中，有很多人是远道从新疆或东北等地来参加经济学训练班，这些外省偏远的地方物资很缺乏，他们到了北京之后，发现有许多物品是当地从来没有见过的，所以想要采购一些东西带回去。按照训练班的安排，原定于下午四点结束课程，而在五六点就要把他们送回各地去，等于没有购物的时间。我用英文演讲，再加上中文翻译，等于要花两倍的时间。如果直接用中文讲课，就可以节省翻译的时间。也就是说我从上午八点开始上课，到中午就可以结束，他们就能多出一个下午的时间来购物。到远地出差，回程顺便采购土产礼物，也是人之常情，于是我就答应了。上课的前一天晚上，我用中文写成讲义，为了解决中文翻译的问题，他们也推派两个学员帮忙，我们一直忙到深夜十二点多，还有一些问题没能解决。最后一天我的课程如期在中午结束，下午他们就很高兴地顺利完成采购。从这种小事最能看出民情，当这批学员对我提出恳求的时候，告诉我需要时间去购物，这实在不能算是理由，但也别无他法。

（二）再访大陆

汇率调整问题

1986 年 6 月我再次到大陆访问，此行的目的是到北京担任经济顾问，参加国务院体制改革委员会（简称体改会）的开会。我们聚在一个会议室里，一起开会、讨论，互相沟通，大约有三四天之久。另外一个房间内则完全是大陆的专家，他们担任幕僚工作，提供相关资料。有一天我们讨论外汇问题时，我询问一些与外汇有关的资料，有一位与会的外汇主管官员就说："事关国家机密，我无法奉告。"体改会主委安志文赶紧出面解围说："没关系，可以说出来。"但是我们立刻表示没有必要，因为对他们而言外汇是国家大事，属于内部机密（confidential information），但是我们经济学家只要利用已公布的资料，就可以推算出外汇存底。于是我们当场就说出一个数字，外汇主管官员承认很接近确实数字，接下来我们再推算出合理的汇率。

当时的汇率是 2.75 元人民币兑换 1 美元，人民币显然有高估的情形。根据我们粗略地推算，合理的汇率大约是 3.5 至 3.75 元人民币兑换 1 美元。由于外汇问题很重要，我们说出这个数字之后，中国官员不愿意再继续讨论这个问题，于是进行下一个课题，讨论如何执行决策。我们经济顾问只是提供参考意见，最后还是由中方他们自行决定要怎么做。接下来两天的行程是安排我们到各地游览，陪同我们出游的其中一人是中央银行的处长。第二天一大早他就来敲门，我正奇怪有什么事情，他告诉我中央银行总裁预定在当日宣布人民币兑换美元的新汇率，并向我致歉说："顾教授，很抱歉。前天讨论的时候，我们就已经大致做出决定，但是没有告知各位。"结果他们公布的汇率是 3.5 元人民币兑换 1 美元，和我们预估的 3.5 元到 3.75 元差不多。当时我曾建议干脆定为 4.0 元人民币兑换 1 美元，大陆的财经官员可能较保守，决定 3.5 元可能稳当一些。我对他说不用介意，而且不告诉我们反而比较好，否则可能影响我们判断的客观性，况且汇率的调整毕竟是一件需要保密的大事。因为只要提早一二日知道这个消息，就可以赚取很大的投机暴利。可见大陆方面早已决定调整人民币兑换美元的汇率，和我们经济顾问讨论，只是想要求证确定而已。

现在大陆优秀的经济学者日渐增多，他们也提出许多大胆的汇率政策。例如规定人民币可以兑换美金外汇，但必须视政府政策而定，或因交易对象不同而异。举例而言，外汇持有适用于贸易方面，其所得的人民币可以兑换成美金；但不适用于资本交易，因此所得的人民币不可以兑换美金。换言之，贸易所得不限于人民币，在大陆的麦当劳（McDonald）公司或可口可乐（Coca Cola）公司赚来的钱可以换成美金持有；但是如果因为出售房子而赚得人民币，则是资本流动，不能兑换成美金。

人民币汇率从 2.75 元贬为 3.5 元兑换 1 美元，这么大幅的贬值并不寻常。一般正常的汇率调整往往只是几毛钱上下的涨跌幅度而已，但是中国当时的外汇处于非常时期，必须迅速进行大幅度的调整，有如一个重病送医的病人，一定要立刻动紧急手术解决问题，否则一旦被人察觉汇率有缓慢调整的趋势，就会有人趁机炒作外汇，进行投机。附带值得一提的是，我们去大陆时所携带的美金都是用官价（政府规定的汇率）兑换人民币。有一次赵紫阳总理宴请我们的时候，我们自我解嘲说只有我们四个人是傻瓜，身为经济学家，居然每一笔外汇都是用官价兑换。因为通常从香港进入大陆时，一般人都是按照黑市价格兑换人民币，没有人会按官价兑换。大家都认为既然我们是经济学家，更会利用这个机会赚一些差价，结果反而没有，所以自称为傻瓜。实际上我们的身份也不容许做这种事。又如我们明知中国政府邀请我们来协助解决外汇问题，可见政府即将调整人民币兑换美元的汇率，从很多蛛丝马迹都可以验证，只是不知道确定的公布日期而已。但我们并没有利用此一机会进行投机，关于这一点我们自律甚严。

重游庐山

在召开顾问会议期间，中方建议我们参观一个游览点。该地原来是行宫，专为皇帝到郊外游赏而建，特别开放招待我们。但因邹至庄夫人和内人没有兴趣，所以没能成行。大概因为我们都是南方人，很难想象北方皇帝出游的气派格局。这个行宫平日不对外开放，没有得到特许不能入内，一般游客无法参观，我们几个人却连这种机会也不懂得把握。

我内人的娘家在庐山有一栋避暑别墅，她想回去看一看。过去从北京到庐山交通很不方便，而且到了当地以后还必须乘坐轿子上山，现在已有飞机直飞两地，汽车可以直接开上山，于是我们就去了庐山。可惜找不到原址，据说在第二次大战时已被日本人摧毁。庐山对中国近代史有很深的意义，1937 年日本在七七事变之后开始进攻上海，蒋（介石）委员长在庐山召开会议，发表严正声明："牺牲不到最后关头，绝不轻言牺牲。"中国人已经到了忍无可忍的最后关头，决定全面对日抗战。当时宣示所显示的雄壮气势，也是促成日后抗战胜利的主要因素之一。此外，抗战之前蒋介石夫人宋美龄女士常到庐山避暑；二次大战结束之后，国共内战激烈，美国派特使马歇尔（George Marshall）来华调停，曾经三次到庐山与蒋介石总统会谈。我们去参观老蒋"总统"的行馆，它平日不对外开放，这次特地让我们入内参观。外观都还保持完好，但是里面的陈列只剩下几件旧家具,其余大多是重新更换过了。一块大石头上有蒋“总统”亲题的“美庐”二字，原来被损毁敲掉了，后来才又重新用红漆漆上。至于马歇尔住过的房子则未找到。庐山的风景真美，尤其是云霞变幻万端，所谓“不识庐山真面目”的说法就是由此而来。可惜我们只在庐山停留很短的时间，回首重拾旧日我们对于庐山的印象。

参观曲阜孔庙

我们也到山东参观曲阜孔庙。当时大陆方面的接待单位安排我们到各地旅游，并提供几个地点让我们选择。西藏拉萨是其中之一，当时一般人很不容易进入拉萨，由于中国政府特地招待，我们才有机会去参观。但是邹至庄夫人和内人都不愿意去，最后我们决定去曲阜。美国国务卿舒兹（George Shultz）曾访问中国，他说好几回到中国来都是为了公事，没有机会旅游参观，退休以后他想到中国游历。于是中国政府安排他到两个地方游览，一是桂林，二是曲阜。他参观孔庙时，官方建了一栋新旅馆，并特地为他安排举行祭孔大典。我们去曲阜的时候，正值 Shultz 离开不久，于是就住进该栋旅馆里。一进大门，看到门联上写着:“有朋自远方来，不亦乐乎？”孔子的后代衍圣公居住的孔府也设有招待处，在 Shultz 来访之前，新加坡总理李光耀也来曲阜参观，就留宿该处。中国的历史文化非常悠久，我们参观孔庙时，这种感受特别深刻。日本人极为尊敬孔庙，听说士兵行经孔庙时必须踢正步以示崇敬。反观大陆在“文革”之时，红卫兵想要摧毁孔庙，孔府子孙就围绕在孔庙旁保护它，使红卫兵无法进入内部破坏，只打碎了外围的一座碑刻。我认为要摧毁孔庙其实很简单，因为它的建筑是木造结构，只要一把火就能烧起来。然而我们入内参观之时，完全没有安全检查措施，如果有人意图不轨纵火燃烧，后果不堪设想。所以我当时建议对于孔庙之类的文化财产需要一些保护措施，例如防火墙等设施。

据说 Shultz 到桂林游览时正逢漓江枯水期，中共特地放出水坝中的水，招待他行船观赏漓江之美。这些都是大陆官方招待外宾格外礼遇的举措。又如 1998 年美国总统克林顿访问中国，第一站先到西安，当地欢迎的人群都是穿着唐代的衣冠。

游览重庆及三峡

我们还去重庆游览，它曾是抗战时期的陪都，遭到日本猛烈的空袭轰炸，对我们深具象征意义。大陆官方安排我们去参观周恩来的故居。他曾担任与国民党谈判的中共代表。他的宅邸很特别，屋外有一个小花园，里面有很多石头，据说共产党把许多机密档案藏在里面；还有一口井可以连接地道，直通长江边上，共产党传递机密的消息都是透过这个管道出入，以避开门口国民党特务的监视。另外，我们还参观了四川乐山的大佛。我在当地遇到一群来自西藏的儿童，他们的脸色红润，又很活泼，非常可爱，可惜听不懂他们说的话。我和他们合摄了许多照片，但是后来在三峡旅行时光顾着贪看风景，把相机遗忘在船上，没能保留作为纪念。

我们从重庆上船顺流而下，经过长江三峡到宜昌、九江，一路上风景非常优美。为了改善长江行船的安全，把江中可能导致船只翻覆的岩石炸掉、清除，船只来往就安全多了。另外，为了建筑三峡水坝，把水道作了一些变更。美国站在环境生态保护的立场反对中国建筑三峡水坝，但是对中国人而言，必须在经济发展到某一个阶段之后，才能考虑环境和生态保护的问题。我曾在日内瓦国际劳工署进行过相关的研究。环境保护固然重要，可是老百姓必须解决民生问题，经济要先发展起来，才能谈环保问题。美国在开发的初期阶段也曾建造许多水坝，现在深为后悔这些水坝破坏了自然生态，可是如果当初碍于环保，很多建设就无法进行，美国经济就不可能有今日的发展。我曾举出一个实例，有一个企业公司要在缅因州（Maine）建造炼油厂，可是这里也是一个著名的避暑胜地，前任美国总统布什（George Bush）在此地就有一栋别墅。对于当地的富人来说，炼油厂会影响当地的景观，所以他们激烈反对。于是厂方转而诉求当地的一般民众，说明设厂之后将会增加很多工作机会。有一个老太太很赞成，理由是有了这么好的工作机会，以后在饭桌上可以常常有牛肉给小孩吃。至于两者应该如何取舍，就要看各国当地人民如何决定。美国认为在三峡建筑水坝和发电厂将会破坏自然生态环境，因此不同意贷款给三峡计划，中国只好向德国购买发电机等设备。其实水力发电已经是对环境冲击最小的开发方式，一个国家为了分散风险必须有多元化的能源政策。正如股票的买卖，有些风险较大，有些风险较小，通常风险大的股票，它的回馈报酬率也高。如果一个投资人可以承担较大的风险，例如还有三十年才届退休之龄，就可以购买风险较高的股票；但是如果一个人的年事已高，需要一笔养老金，就不适合购买风险太大的股票。能源政策也一样，必须考虑风险分散的问题，各国有不同的因应对策。长江三峡的水坝兴建与环保生态之间的争议也是见仁见智的问题。

我们会见赵紫阳总理时，也表示反对三峡水坝，但完全是根据经济理由，我们认为这项投资需要经过很长的时期（大约20年），才能回收成果，当时中国资本稀少而且百废待兴，水坝不是当务之急，可以暂缓进行。但是现在（1998年）看来，三峡工程已进行十年的时间，再过十年就会有成果，所以我也不再反对。

一胎化政策的省思

游览长江的时候，我们搭乘特别安排的游艇，可以随时靠岸，参观一些普通游艇到不了的偏僻地方。三峡附近沿岸的城镇都很小，我们只是上岸稍作停留。沿路我看到有妇人抱着孩子，就随口问道："这是您的第几个孩子？"她们总是回答这是唯一的孩子，可见即使在这种穷乡僻壤的小城镇，也严格实行一胎化的政策。陪同我们参观的向导也只生有一个孩子，据说只有少数民族例外，政府特别准许他们拥有二到三个孩子。现在大陆有很多留美学生利用生有两个孩子为理由不愿回国，美国人对于这种情形深表同情，给予他们政治庇护或移民等协助。可是大陆的人口的确不能再继续膨胀下去。过去毛泽东时代曾鼓励人口成长，生育率大幅提高，造成现在庞大的人口压力，无法解决问题。美国虽然反对中国推行一胎化政策，可是也提不出具体可行的对策来解决中国的人口问题。现在如果中国能在一胎化的政策之下严格把关，把人口数量稳定下来，一旦等到经济发展、生活水准提高之后，人们自然调整生育行为，就不必再执行一胎化政策了。更重要的是推动教育普及和思想的转变配合，无论是男子或女子都必须同样重视教育，因为一旦人们体认到女子也可以和男子一样做大事、获取高官厚禄、创业发家致富，就不会再坚持非要生男不可。总之，对于一胎化政策，我的看法是要推行家庭计划、提高妇女地位、提升教育水准和经济水准，人口问题自然能够解决。

会见江泽民

在访问大陆期间，中国国家主席江泽民（当时是上海市委书记）曾设宴款待我们，席间谈话所得的印象是江泽民喜欢用英文交谈，而且讲得很流利。他是扬州人，毕业于省立扬州中学，是当时江苏最好的中学之一。后来由中央大学转到上海交通大学电机系就读。上海交通大学是当时中国最好的大学之一，电机系也是最难考的科系，所以江泽民的学业成绩相当优异（他在交大的同窗窦祖烈，也是中研院院士）。由于我毕业于圣约翰大学，也曾在上海念书，他问我阔别多年回到上海，感觉如何？环境是否有所改善？我的答案是肯定的。

有一条苏州河流经上海，在河的一边是租界，对岸则是中国人聚居的地区。上海在两地之间靠一条桥梁联络。日本轰炸上海时，很多难民想逃到租界避难，可是外国租界区的守卫把桥门关闭起来，桥上挤满了难民，不得其门而入，这是我童年时期对上海最深刻的印象。现在每座桥的两端都是中国的领土；过去黄浦江上有很多外国船只，现在行驶的也都是中国船只。我很高兴看到这种转变。江泽民听了我的话很高兴。但是我也说上海需要更多、更新的建设，这些年来上海几乎没有什么新建筑。江泽民说中央政府决定今后上海地区将保留较高比例的税收，用于从事当地的建设，未来上海的发展将会好转起来。

这是我们交换意见之后所得出的结论。

1987 年赴武汉大学讲学

1986 年我第二次访问大陆之后，陆续又有几次开会或讲学的机会重返大陆，例如 1987 年我到武汉大学讲学。我和武汉大学有一点渊源，早年曾投考武汉大学，但考上之后因生病而没去就读。此外，我曾透过武汉大学安排张培刚的论文出版等事宜。张培刚是我在哈佛大学时的同学，他的毕业论文是《农业与工业化》（*Agriculture and Industrialization: the adjustments that take place as an agricultural country is industrialized*），1949 年由哈佛大学出版社（Harvard University Press）出版，当年曾获得“戴维斯奖”（David Wells Prize）。这是哈佛经济系颁给每年最优秀的毕业论文奖项，是一项很高的荣誉。著名的经济学家 Samuelson 的论文也曾获此奖。我建议张培刚将此一论文再版，他认为自己的论文完成于 1945 年，到 1987 年已经时隔四十年，需要修改之后才能出版。我答应为他安排到密西根州立大学来访问一年，趁机修改出版，因为密大是一所土地大学，它的农业经济在美国大学中很有地位。那时候中美两地电话来往相当麻烦，经过辗转联络，由亨利鲁斯基金会（Henry–Ruth Foundation）支付一笔经费赞助。然而一切都谈妥之后，他却生病了，最后也没能成行。

张培刚人称为 P. K. Chang，我的另一位朋友邹斯颐的英文名字是Stanley Chow，他们两人时常互相通信，张培刚署名P. K.，邹斯颐署名 Stanley。因此共产党误认为这是两人通信时的暗号，怀疑他们是国民党的间谍。其实他们两人早就是老党员了，当我们还在哈佛念书时，他们就已经是共产党员。但是因为这个误会，他们两人有很长一段时间未受重用，后来两人的境况才慢慢好转。

1987 年讨论住房私有化问题

1987 年邹至庄先生和我到大陆参加体制改革委员会所举办的经济问题讨论会，并与国务院体改会的主任委员李铁映讨论国营企业的改革。邹至庄说这个大问题可以先由房屋住宅私有化开始。李铁映的父亲是共产党的革命烈士，曾经是党内的重要人物。我们建议大陆住宅应该私有化，不应该再采用分配制。若私人不能拥有住宅，一旦更换工作地点，可能会面临没有房子住的问题。因此造成人们必须终身依赖工厂或机构，没有迁徙的自由。这个住宅私有化的建议，可以一举创造百万乃至千万的人拥有私有财产，同时建立一个房地买卖和出租市场，并采用分期付款的办法来方便买卖交易。

我们的重点是主张人民对于住宅拥有出租权和所有权。当时政府将房子租给员工等于免费，我们的构想是人民可以出租房子，并由政府给予员工津贴。租金可以随着房子维修费用的增加而逐年上涨，以免房东因维修费用过高而赔本。换言之，租金即代表市场价格。此外，人们亦可以用分期付款的方式购买房子，以解决购屋需要巨款的问题。将以上意见归纳成两种方案，提供人们选择：一是采租赁的方式，为照顾员工，由政府每个月支付若干津贴补助房客，但有一定的期限；二是采分期付款的购屋方式，几年之后房子就属于居住的人所有。不过政府部门的反应也很有趣，他们乍听到这个建议时，认为这些方案太过复杂，无法实施。首先，政府必须询问每一个工人："你要买房子还是租房子？租房子则每月要支付多少租金？买房子要付多少钱？每月付款多少？"等各种繁琐的问题。第二个困难是有人需要大房子，有人需要较小的房子，有人认为地点不方便，如何调节供需是一个很复杂的问题。后来据说官方曾在青岛试行房屋私有化，推出一个只卖不租的方案，每月支付的购屋费用当然高于租金，结果人们都不愿意买房子。理由之一是政府政策朝令夕改，一旦政策改变，他们一夕之间变成资产家，后果不知如何。这个计划原本应该可以成功，因为在我们原先的建议中，人民可以多一个选择，除了购屋之外，可以继续向政府租房子，每月付租金；或是每月多付一些钱，几年后房子变为私有。而这些私有的房子可以进一步买卖或出租。但是结果无法执行。有人归咎于我们的建议错误，其实是因为政府只采行了一半的建议，即规定只能买房子，却不能沿用现在的办法继续向政府租房子。只做了一半的事，当然没有办法成功。

1998年朱镕基提出住房彻底私有化的政策，结果如何尚未得知，但是我完全支持他的做法。房屋私有化之后，人民就是屋主。未来中国还需要建立一套退休制度，现在的退休金是附属于公司或单位之下，均由国营企业完全负担，成为企业私有化的一大障碍，无法推动全国企业改革。要解决这个问题，唯有让退休金制度国家化，建立社会福利制度，以激励国有企业进行私有化。

1989年赴香港开会

1989年邹至庄、蒋硕杰、费景汉和我等人本来要到大陆开会，但是因为当时蒋硕杰担任中华经济研究院院长，由于政治因素的顾虑，邹至庄就建议将开会地点改在香港，讨论大陆经济改革开放的问题。开完会之后，费景汉想到深圳看一看，我也没去过，所以建议大家一起去参观。蒋硕杰顾虑如果前往深圳，护照上会盖有大陆海关的戳印，最好能避免这道手续，否则他回台湾时会有麻烦。一旁在场的安志文表示他保证我们从深圳再回香港时，护照上一个图章都不盖。我们很信任他，所以同意前往深圳。但是第二天晚上他打电话来，说他不能陪同我们前往，问题不出在中国，而是香港的英国海关有问题。原因是安志文和刘鸿儒由北京赴香港时，驻北京的英国大使馆所核发的是单次的出入境签证，所以他们一旦回去深圳，就不能再进入香港。因此我们没能去成深圳。没想到英国对香港的统治权，一直到最后阶段仍然丝毫不肯放松。

在香港开会期间，我们讨论最多的是关于投资的问题。我提到 1987 年到上海时，竟然发现多年以来中央政府对于上海一点也没有投资，所有的上海税收完全分配到其他地区使用，因此无力进行投资建设，这对上海人民不公平。这时有一个年轻的大陆专家立即站起来发问："顾教授，请问您去过青海、西北这些贫穷的地区吗？"我答说没有。他接着说："就是因为您没去过，所以才讲这些话。如果您去过，就不会这么说了。相对于那些非常贫穷的地方，上海算是一个很富庶的地方。"中午用餐时，我还一直在想这个问题，我承认这个年轻人的说法有些道理，可是我也想要设法帮助上海人。后来我终于想到一个办法，于是下午进行讨论时，我说："上午那位同志的发言很有道理，我同意中央政府把经费分配到全国最贫穷的地方去投资建设，不要在上海投资。但是我希望中央政府给上海一个机会，容许上海向外国贷款，自己来从事建设，不知是否可行？"安志文和刘鸿儒两人私下交换意见，讨论了几分钟之后，说："这个方法倒是可行。"我很高兴自己终于能有机会为乡梓略尽绵薄之力。

（三）任教岭南大学

1990年透过邹至庄先生的介绍，我到岭南大学任教半年。邹至庄先生曾就读岭南大学，现在担任该校的董事长。我本来答应他去任教一年，但是因为1989年6月发生天安门事件而有一些波折。很多朋友都劝我不要去大陆，但是我答应到岭南大学任教早就排定了，我想取消，但是大陆方面坚持一定要我去，经过商量之后，我答应改为只去半年。我先到香港，再去广州，校方原来安排我会见中国派驻香港的代表和广东省省长，但是我不愿意和官方人士接触，拒绝和任何政府官员见面，他们觉得很遗憾。到了广州，我的生活就只有教书。

在教书时，我很引以为傲的一件事就是全程参与学生的考试。因为在中国一般的惯例是，考试时教授既不监考也不改考卷，完全由助教代劳。我告诉系主任，凡是我任教的课程，大考一律由我亲自监考，这是我的作风。每次考试结束后，我亲自收取考卷，带回去批改，给每一位学生打成绩，最后才由系主任评定总成绩。这样我才能了解学生的程度和学习成果。在岭南大学，我教的这一班有八十多人，其中有四五个学生得到A，他们的程度不错，英文流利，头脑也很清楚；另外有七八个学生得到B，其余的学生成绩比较差一些。

对中国前途的观感

我在岭南大学仍是用英语授课，该校有很多学生准备将来去美国念书，所以也能接受老师用英文授课。每次上课结束之时，我照例问学生是否有问题，学生纷纷提出许多问题。尤其在学期结束之时发问特别热烈。其中有一位成绩非常优异的陈同学，他站起来问：“中国有没有希望？”我把眼镜拿下来，正色对他说：“如果中国没有希望，我为什么要到这里来教书？我并不是一个为了想要赚钱而来教书的人。我不了解你为什么问这个问题，中国前途当然有希望，国家的命运掌握在人民自己手里，好好努力去做，绝对没有问题。”我的话讲完之后，全班都静悄悄的。那一天我很累，从下午四点开始上课，一直讲到六点半，教室里有八十几个学生，气温是华氏九十几度，不但没有冷气，连风扇也关掉了（因为声音很吵会干扰上课），灯光照在我身上，我一面讲课，一面在黑板上写字，早已汗流浃背，在这种情况下他提出这个问题，令我非常感慨。因此我回答时情绪比较激动，讲话速度又快，语气重了些，似乎让同学们认为老师生气了，也可能有人在心里骂他：“这种人！怎么可以对国家前途没有信心！”其实我说那一段话的用意是要为这个学生打气，鼓励他对中国的未来有信心。那天下课时已经六点半，比平常晚了半个小时，又急着赶回家去，到家以后全身衣服都湿透了，内人还因此问我：“外面在下雨吗？”

遇故友夏书章

在岭南大学，我也遇到昔日哈佛大学的同窗夏书章。他曾担任中山大学的副校长，英文程度很好，许多美国记者请他撰写书评，从中国的观点来评论美国出版的一些有关中国问题的著作。他是共产党员，而且担任党内要职，作风稳健，和当年他在学生时代的作风完全不同。他对共产党的看法还是很乐观，认为只要给中国机会，中国将来会愈来愈民主化。共产党对他很器重，经常派他到美国考察舆论。我趁着这次在岭南大学讲学的机会和老同学聚首，两人分别多年，有聊不完的话题。我们的境遇截然不同，他身处于中国共产党的制度之下，而我是美国公民，我知道以他今日的地位和背景，说话自然会慎重一些。

深圳之行

有一次我带了经济系的十几个四年级学生和两位办事人员去深圳吃午餐，按照规定这些学生不能去深圳，但是因为他们是当年即将毕业的学生，可以破例通行。在进入深圳之前，车子必须停下来接受通关检查，我们的运气很好，通行证都没有问题。当验证人员要求看我的护照时，我说："广州和深圳都是中国的一部分，为什么需要查验护照呢？"我认为这种做法是不对的，在一个国家之内设立关卡、查验护照实在不像一个统一的国家。于是海关人员把我带到另外一个房间约谈。我在房间里等了大约十五分钟，有一个官员进来，我把自己的想法告诉他。两人谈了半个钟头，最后他说："好吧，这次让你通过。"其实我带了护照，但是有意不拿给他看。内人责备我说："把护照拿给他看，就可以息事宁人，为什么要和他争辩呢？"深圳是广州一个很重要的关口，当初规划之时就设计与香港回归配合，所以交通等各项公共设施规模都很大，一旦香港回归之后，深圳就是香港进广州的大道。

我们到了深圳的餐馆，连菜单上的价目表都是用港币标示，而不是用人民币，很显然深圳已被视为香港的一部分。我身上没有带港币，当地人因为汇率的关系又不喜欢收人民币，我只好对同行的学生讲，恐怕我们得回广州吃饭。餐厅侍者就问我："你有没有带美国的信用卡（credit card）？"幸好我带了信用卡，才解决付账的难题。可见深圳和香港一样，只能使用港币和美金。由于深圳和香港的往来交通很方便，大陆早有计划防止香港回归以后大量人潮涌入香港，事先在深圳设下重重关卡，比回归后才在香港周边设关卡容易控制。如此一来，大陆对于香港居民进入内地就不需要设防过严。

我在岭南大学任教时，曾提出一个问题和同事、学生们讨论：

"港币未来的发展如何？"大家都说："这是香港的问题。"我说："这不只是香港的问题，也是大陆的问题。香港人研究这个问题是以香港为出发点，但这也是大陆必须要考虑的问题，尤其是广州与港币的关系很深，应该就近加以注意研究。"但是他们对于我的这种看法并不同意，也没有兴趣。我认为香港方面研究港币的汇率问题是以香港经济情况为出发点；大陆与广州方面研究港币的问题，应该以港币汇率对于人民币汇率的影响作为出发点，两者可以互相参考。

岭大毕业典礼

我也参加岭南大学的学生毕业典礼。自从共产党执政之后，中国的大学就不再举行毕业典礼，所以据说这是中国在共产政权统治下第一次公开举行的毕业典礼。开幕时只演奏国歌而不唱，改唱岭南校歌。早在"文革"时，就已经取消唱国歌的惯例，因为国歌《义勇军进行曲》创作于抗日时代，歌词内容开始是："起来！不愿做奴隶的人们！把我们的血肉，筑成我们新的长城！……"后来"文革"时一般人对政府不满，歌词字句好像是针对政府而言，因此不唱国歌。有些远在美国的校友也赶回来参加毕业典礼。典礼结束之后，大家穿着毕业袍、戴上帽子拍照留念。因为过去他们毕业时没有举行毕业典礼，现在赶回来参加，算是一种补偿，很多人都激动泪下，情景很感人。

岭南大学的校友对母校的感情很浓，很多校友都捐款给母校，但是对于政府将该校大部分校区划归中山大学，而且把岭南大学降格成隶属于中山大学的一个学院，深为不满，否则捐款的金额将远不止于此数。这种情形正如克林顿总统到北京大学讲演，我们在电视上所看到的美丽的建筑和漂亮的花园，其实都是原来燕京大学的校园，后来被并入北京大学。现在有人倡议燕京大学复校，但没有成功。从前中国共产党开始革命的时候，燕京大学是它主要的宣传、外交重镇，出了不少教育和外交人才，没想到革命成功之后，燕京大学的校园却变成北大的校区。

珠海游玩

有一次我们到珠海去参观。途中我们的汽车抛锚，只好在旅馆等候。旅馆人员告诉我们珠海到广州有公共汽车，如果当天晚上要赶回广州，可以送我们到车站。公共汽车是私人经营的，车资可以议价，负责人是一位年轻的女子，办事能力很强，令我很佩服。我们搭乘的汽车挤满了人，大约晚上十一二点回到广州，一点也没有迟到。我发现此地工商业相当繁荣，经济很有活力，民营交通事业效率很高，和一般公家单位不同。

赠书武汉大学

在岭南大学任教期间，我也曾到武汉大学访问，广州到武汉的距离不算太远。我去该校有三个理由：第一是早年我与武汉大学的渊源；第二是拜访我在哈佛大学的老同学谭崇台，他曾帮我在远东委员会处理对日赔偿事宜，后来回国在武汉大学任教，研究经济发展的问题；第三是我对武汉大学有捐赠图书之谊。

自从尼克松总统（Richard M. Nixon）访问中国之后，大陆对外稍有开放，美国国家人文暨社会科学院（The U. S. National Academy of Arts and Science）认为大陆的学校很缺乏图书，呼吁美国人如果愿意赠送书籍给大陆，该单位可以负担邮寄费用。所以我就把自己收藏多年的经济期刊赠给武汉大学，包括《*Quarterly Journal of Economics*》、《*American Economic Review*》和《*Review of Economic and Statistics*》，这些都是很重要的经济学期刊。我把这些期刊分别装入箱子里，每箱的邮费是 70 元美金，总共有 11 个箱子，所以邮费不便宜，如果要我自己负担，还不一定能付得起。我请一个南开大学毕业的研究生帮我整理，他建议将这些杂志送给南开大学，但我仍然坚持寄给武汉大学。因为南开大学有许多校友在美国，有较多机会收到校友提供的书籍和资料，所以我决定把这些书捐给武汉大学。因此我到武汉大学时，受到师生热烈的欢迎，他们表示我所寄赠的书刊正值“文革”期间出版，当时外国的书籍无法收到，美国的经济学期刊也付之阙如，我的赠书正好填补这段空白，更显得异常珍贵。

另外，我还保有一份《计量经济学》（*Econometrica: Journal of the Econometric Society*）期刊，并没有送给武汉大学。这是一本国际性的期刊，不是美国出版的，它首次出版于1933年，我在1945年毕业后准备回国时，心想这种期刊在国内恐怕不容易购得，因此购置了全套，并从1946年起持续订阅到现在。我希望有朝一日能将这份期刊完整地送回母校圣约翰大学。万一无法达成心愿，也许先暂时存放上海法政学院（即圣约翰大学原址）收藏。1940年我从圣约翰大学毕业，1990年我们曾开过同学会，希望2000年能再开一次同学会。其中有一位经济系的同学在香港颇富家贵，也许请他设法赞助半数装订费和邮费，共同合力把这一套书捐赠给母校。

从前第一代开始移民美国的华人都很辛苦，只能找些诸如餐厅、洗衣店等低阶的劳务工作。我属于第二代华人移民，先到美国受教育，然后留下来。大部分去美国留学的人，学成之后不愿意留下，几乎都选择回国。我有许多朋友都回国了，如浦山、邹斯颐、张培刚、谭崇台等人，他们不在乎共产党的统治，回国只是为了贡献所学，建设国家、社会。

我在美国生活了多年，从来没有想到有朝一日居然能再回到中国和亚洲，为这些国家和地区贡献自己的一点力量，可以说是足堪告慰平生了。

九、近年学术活动

（一）赴印度尼西亚讲学

1989 年我到印度尼西亚首都雅加达高级文官训练班任教一学期。班上的学生问我来自何处，我答说美国；他们接着又问我从何处移居到美国，我答说上海。他们知道我是中国人之后，就对我很冷淡，而且保持距离。印度尼西亚的排华问题很严重，因为华人掌握了当地的经济命脉，引起马来人的嫉恨，动辄发动排华风潮。我所任教的密西根州立大学和美国中西部的其他十个大学，联合设立一个机构，协助国外大学进行研究、教学工作，我就是透过这样的管道到印度尼西亚去讲学。由于我是代表美国政府的官方身份前去，所以透过美国新闻局（U. S. Information Office）的人员安排行程，他们事先已告知我避免带中文书去。因此我知道个中缘故，也不管他们对我的态度如何，就开始授课。

印度尼西亚主要的问题是贫穷，经济无法发展牵涉几个因素，其中之一是人口问题，因为人口增加的速度太快。人口问题的解决除了推行家庭计划控制出生率之外，还要配合提高女子的教育水准和社会地位。当地人告诉我苏哈托总统夫人也致力于提高女子的地位，所以我如果留在印度尼西亚担任政府公职，苏哈托夫人一定很赏识我。二是贪污盛行。例如建造一条高速公路，一般只要两千万元就可以完成，但是加上贪污，就可能需要五千万元。我安慰他们说贪污问题不是一天两天就能解决的，短期之内无法见到成效，但是也不要因噎废食，唯恐贪污而不进行建设，反而更需要继续加强建设，如港口、大学等。三是教育。一个国家的长期发展最需要的就是教育。我总是抱持乐观的看法，认为扩大公共投资，再加上教育，印度尼西亚的经济就可以发展起来，前途无限。我努力灌输印度尼西亚人这些观念，他们渐渐同意我的看法。学生和我往来也日益密切，好几次邀请我和内人到他们的家中聚餐。讲学结束临别的时候，学生给我热烈地鼓掌，还送我很多礼物和照片留念。我其实并不在意这些外在的表达形式，只要学生能够接受、吸收一学期的授课内容，我就心满意足了。回到美国之后，有一天我在图书馆查资料，一位学生走过来和我打招呼，他说他有很多朋友从前在印度尼西亚曾经上过我的课，而且他们都很喜欢我的课，我听了以后觉得很窝心。

我在印度尼西亚时也遇到一些密西根州立大学毕业的校友，很高兴与他们见面。其中有一位是从前被校方开除的学生，他回到印度尼西亚之后任职中央银行，现在已位居要津。我问起他被开除的原因，他告诉我在一门课上老师要求学生假设自己是美国联邦银行理事会的主席，针对如何解决某一个问题发表一篇演说。他也许没听清楚题目，或是刚来美国，语言沟通有困难，结果他到图书馆找了一篇美国联邦银行理事会主席已发表的现成演说稿交给老师。如果我是他的老师，看到学生没有自己撰写报告，而是抄别人的文章，一定会先询问原因，再让他试着重写一篇。可是他的老师是一个年轻的助教授，把他当成是故意抄袭的行为，送交系方处理。如果当时我担任系主任，一定会劝这位助教授不要小题大做。然而当时的系主任也是缺乏经验，就向校方报告，于是学校就将这个学生开除了。我回到美国之后，曾去系上查证，确有这么一回事，实在很令人遗憾。这位学生其实很优秀，现在担任印度尼西亚银行的高级主管，可惜当初有这么一段惨痛的经验。所以外国学生若对美国文化不了解，很容易发生类似令人遗憾的事。

（二）开设“中国经济改革”课程

我现在每年冬天定居于佛罗里达州首府 Tallahassee 市，靠近佛罗里达州立大学（Florida State Vniversity）。我是该州的公民，因为佛罗里达州的税负较轻。内人则是密执安州的公民。美国总统甘乃迪（John F. Kennedy）的父亲以善于理财著称，他很早就成为佛罗里达州的公民。他以贩运私酒起家，当时禁酒令盛行，因此致富。此外，他擅长投资经营，对股票买卖很在行，罗斯福当选总统之后，请他负责管理股市的工作。根据佛罗里达州政府的法律规定，该州的公民每年必须居住达六个月以上，所以我有半年的时间住在佛罗里达州。因此我和内人不但分开纳税，而且每逢十一月举行美国总统大选时，我在佛罗里达州投票，内人则在密执安州投票。

我在 1989 年于密西根州立大学退休。我的学生 Bernard Sliger 是佛罗里达州立大学校长，问我退休后有何计划。我说没有，他就请我去该校继续教书。我说不行，年龄大了精神有限，而且佛罗里达州夏天很热，我无法忍受，所以答应他冬天可以来教一门课。到佛罗里达州立大学之后，系方问我准备开什么课程。我认为自己刚调任到一个新的学校，若是开一门别人已在教授的课程，等于是抢别人的地盘，一定让人很不痛快。于是我说："我到了这个年龄，没有兴趣再去抢别人的地盘，所以要开一门没有人教过的课程，名称是'中国经济改革'。"这门课内容有一半是讲授台湾的"土地改革"，我的出发点不从日据时期谈起，而是谈 1945 年以后展开的台湾经济改革。从取消价格扭曲、反映正确的成本价格，来推动经济发展，使物价、产业、外汇汇率都取决于市场的供需。台湾经济改革之所以能够成功，就是因为能够遵守经济学的基本原则。如果大陆的经济改革要想成功，也必须如此。比较台湾和大陆的经济发展，并不是要批评两岸的施政，而是要探讨根据经济学原则，找出可以促进经济发展与成长的方法。至于台湾的经济发展成果，有些可以和经济学原则互相吻合，但也有些不尽相符的地方。例如台湾的“土地改革”，就是合乎经济学的原理而得以成功的例子。

1962 年至 1963 年我访问台湾的时候，特别注意土地改革的问题。台湾土地改革的特色是征收大地主的土地，地主可以保留一部分自耕，被征收的部分则由政府用四大公司股票或实物债券作为补偿。当时物价不稳定，通货膨胀很严重，不能用现金补偿，以免地主受货币贬值之苦。实物债券分年偿还，等于长期投资。台湾的工业发展就从这一批地主开始，从前他们偏好的投资目标是土地，现在转移到工厂企业，将土地资本转化为工业资本。大陆的土地改革做法和台湾完全不同，他们对待地主的方式就是斗争，后来想要推动工商业发展，却苦无人才和资本。邓小平在中国历史上的重要性就是改变毛泽东的政策。大陆官员经常问我们几位经济顾问:“台湾问题如何解决？”他们认为如果台湾行得通，大陆也可以行得通，对于欧美的理论和政策反而没有什么信心。早年大陆工商业经营不顺，共产党反而鼓励增加资本、扩大规模，进而接掌管理权，几年以后公司大部分的股票都被接收，等于慢性充公，伏下日后大陆经济必须进行改革的远因。

我采用台湾与大陆的经济发展互相比较的方式，来教授“中国经济改革”，佛罗里达大学原来没有这门课，放眼全美国的大学也很少开这种课程。为了开设这门看似不普及、又不专门的大众化通识课程，学校的条件是要自行维持开课的经费来源，所以我得到蒋经国国际学术交流基金会的赞助支持。该基金会设立的主旨在于推广中国文化，它赞助很多学术活动，包括经济、文化、艺术等。这是一个三年的授课计划，每年经费大约是一万五千美元。我按时间先后次序讲授，分为台湾和大陆两大部分，整个课程共有十五个星期，大陆部分占八至九个星期，台湾部分占六至七个星期。当讨论双方共有的问题时，就比较台湾和大陆的不同之处，例如土地改革，其他的议题也是用这种比较的方式进行。

在台湾有些人认为台湾的经济发展和大陆的经济改革不同，两者的做法也不同，我很了解这一点。正如以前我常到台湾担任顾问，参与经济改革，有些美国学生和中国留美学生因此说我是国民党的传声筒（spokesman）。我反问他说："你认为我做了什么国民党的宣传工作？"他回答说："看起来你似乎在帮忙台湾。"我问道："如果我到广东去帮忙研究解决当地的经济发展问题，那我是不是广东的传声筒？"我认为这样可以使台湾和广东的经济发展得很好，从而有助于中国的发展。所以我听到学生这样批评我时，心里很不舒服，从讲台走到学生座位旁说："如果有不同意的地方，我们可以讨论。"我绕了教室一圈，没有人提出问题，大概他们也承认我的话有一些道理。至于他们心里究竟怎么想，我就不得而知了。

（三）密西根州立大学对中国的学术交流

密西根州立大学特别礼遇大陆的留学生，也颁赠荣誉学位给中国驻美的柴泽民大使，两者均具有笼络的作用。中国和密西根州立大学的关系很深，从一件事可以得到证明。抗战时期国民政府的农林部顾问兼驻美代表邹秉文曾到该校访问，他亲口告诉我一段往事。当时 John A. Hannah 校长说："密西根州立大学是世界级的农科大学，有最先进的农业训练课程，中国则是全世界最重要的农业国家，敝校应该如何帮助贵国？"邹先生说他当时完全没有任何心里准备，于是谢过校长的美意，并建议密西根州立大学提供奖学金，供中国留学生免费深造。校长表示欢迎，建议提供 4,000 个奖学金的名额，并问是否足够。邹秉文对于该校的慷慨大为吃惊，很高兴地答应了。邹秉文是我在哈佛大学的同窗邹斯颐的父亲（邹斯颐现在已经过世了）。有一次邹秉文将从美国回国之前，在女婿吴伟棠家里的宴客场合中遇到我，他得知我在密西根州立大学任教，便告诉我这件往事，并说贵校校长的美意一定要让大家广为知道。Hannah 校长与邹秉文先生先后过世，因此这件事也无法再继续推动。因为当初仅凭双方口头承诺，没有签署文件。

密西根州立大学与中国的渊源对台湾也有帮助。1950 年左右我在该校任教，学校提供一笔经费，一年有十几万元美金，供台湾大学的教授到该校访问研究，不但提供房屋津贴，而且得以保留原来在台湾的薪水。我记得台湾大学经济系的施建生教授和一位研究文学的张教授曾经来访。同时密西根州立大学的教授也去台湾访问研究，同样保留在美国的薪水。其实密大是州立大学，照理说州政府的支出应该用于州内人民，不应该用于与外国大学的合作，而这是根据校长 Hannah 的批示执行。由于校长的声望很高，当时没有人敢质疑，后来有人调查这件事，认定不合法。Hannah 校长可能认为如果美国和中国大陆的关系无法建立，至少应该与台湾当局保持良好的关系。

（四）大陆国营企业改革研究

1992 年年底，我们参加“一九九〇年研究社”（1990 Institute）举办的中国经济体制改革的成果报告会议，在上海、北京各召开一次。与会人员包括大陆海协会的代表汪道涵先生。他曾经担任上海市副市长，所以在开会的时候特别强调上海的地位重要。他说：“上海是中国的龙头，就算不是龙头，也是龙的眼睛、头脑，将带动全国的经济发展。”几个美国朋友听了以后，认为他说话过于吹嘘，但是上海人的说话习惯就是如此夸张。所以外国朋友问我感受如何，我答说还算听得进去。从前我在哈佛求学时，有些来自北京的同学总是批评上海人很“海派”（Madison Avenue Type），意思是指上海人喜欢吹牛。虽然我已经离开上海很久，但是上海人说话的口气却依然不变。

1987年我在北京开会时结识体制改革委员会的主任委员李铁映先生，于是趁1992年到上海开会之便顺道拜访他。他请我研究有关大陆国营企业改革的问题，并在下次去大陆时将研究结果交给他。国营企业改革确实是目前大陆很重要的问题，我答应他回去考虑。第二天我告诉他这份报告需要很多参考资料，希望他们能提供大陆国营企业每年向中央政府提出的报告资料，内容包括营运、管理、财务借贷等。起初他答应了，后来他的幕僚人员却以保守国家机密为由，告诉我只能提供报告节略（summary report）。节略资料完全看不出国营企业如何运作，对于我要撰写的报告毫无用处，以致无法完稿。后来李铁映写信要求我提供美国的国营企业资料，包括邮局、退伍军人医院（Veterans Hospital）、田纳西流域管理局（TVA）等，都是一些不赚钱的国营企业。我了解他们的想法是希望我能够指出美国国营企业的存在价值，藉此保留大陆的国营企业。但是我答复李铁映，美国的国营企业并不是很有效率的企业，对于经济成长未必有正面的作用，于是这个研究报告就被耽搁下来了。我因为欠了这笔稿债，迄今不敢再去大陆。

现在我和叶孔嘉博士合作研究撰写一份报告，内容是关于国营企业改革的一些原则。简而言之，改革国营企业应该鼓励竞争，使来自市场或企业外的压力，导致诱因（incentive）日益增加，此其一；二是奖励地方乡镇企业的发展。前者是由下而上的压力，继之以后者由上而下的中央政府的指示，造成生产经营单位的政经分离（delink or decouple political meddling with business management unit）。关于个别的经改政策，我们支持中国加入 WTO（世界贸易组织），以消除保护政策价格扭曲。短期之内中国的企业可能受到损失，但是从长期来看对中国是有利的。我在报告中指出，大陆倾向把两三个国营企业合并，只要营运状况良好，就算完成改革，但是我认为这种改革方式并不可取，应该秉持市场开放竞争的原则。另外，还有一个重要的原则就是决定适当的价格。能否实现应视政府未来的政策而定，例如采取保护政策就会扭曲价格。总之，我们提出的报告结论是：国营企业私有化的改革，端视政府未来的政策和市场价格而决定成败。例如将国营企业的工厂转卖给民营，政府却规定五年之内不能解雇一个工人，这对于买主无疑是很大的限制；其次是国营企业的劳工退休、医药保险费等负担很重，若不能由政府出面顺利解决问题，也会对买主造成冲击。我们不知道中国政府是否能接受这些原则，因此打算将这份报告翻译成中文，再邀请中美双方的经济学家和中国政府官员一起联合召开讨论会，根据各方提供的意见加以修订出版。不过有关开会的部分，目前尚未付诸实行。

经济学理论是从西方发展出来的学问，西方的宗教思想是以基督教为主，和东方的亚洲国家大不相同。但是日本不是基督教国家，经济却同样成功地发展起来，所以西方的经济理论未必适用全世界。现在越来越多人关心大陆未来的经济发展是否真能走出所谓的“社会主义市场经济”的路线，关注的焦点不外乎中国能否发展出有别于西方学术主流而自成体系的经济理论。这个问题虽然重要，却不容易回答。我同意邹至庄先生的意见，他认为大陆不应该抄袭西方的经济模式，很多留学生到美国取得博士学位以后，就把在美国所学的那一套搬回国内，这种做法很不妥当。中国应该用自己的思考方式，找出一条正确可行的道路，不能光靠美国和西方经验。

除了美国以外，很多国家也都迷信日本通产省的经验，认为通产省所做的经济决策万无一失、毫无破绽，好像通产省聚集的全是无所不能的超人。这种对通产省一窝蜂式的陶醉向往现象令人困惑，简直不可思议。我不相信这种说法，而且坚决主张打破经济迷信。事实证明，现在日本的经济正遭遇空前的难题，许多经济学家都建议日本应该采用减税的方式来增加公共投资，可是通产省不敢采纳这个意见。日本的经济衰退正好证明西方学者所向往的日本经济神话并不存在，也说明它原本就是一个子虚乌有的迷信。我希望日本通产省的例子能对年轻一辈的经济学者有所启发。基本上大陆要解决当前的经济问题一定要靠自己，无庸抄袭美国或日本的模式。虽然开创新的格局会遭遇很多的困难和挑战，但是仍然要把眼界放远、勇往直前，才有成功的机会。

东方和西方本来就存在许多的差异，所以解决经济问题的方法也不尽相同，而且经济问题常常牵涉其他的许多层面，很难完全用纯粹的经济理论来解决。事实上许多经济现象都出乎经济学家的意料之外，因此经济理论亦不免有时而穷。例如1930年代发生的经济大恐慌就让全世界的经济学家极度震撼，他们认为从经济理论不可能推演出这种结论。就在全球的经济学家都束手无策的时候，凯因斯适时提出新的经济模型来解释整个现象，问题才告解决。凯因斯就是因为化解了经济大恐慌这个世界性的危机，而奠定不朽的学术地位。大陆面对当前复杂难解的各种问题，领导人的胆识和魄力是决定成功与否的关键。此外，我也相信中国的经济学家终究能想出解决办法，替未来的经济发展规划出一条新的道路。他们很清楚，唯有设计出新的经济方法、模型，才是根本的解决之道。

十、学术生涯回顾

（一）国内外学术制度比较

1968 年我当选中研院院士，到现在已经三十多年，选举的过程已经记不得了，而且我既没有参与选举过程，当选之后又没有再去打听。不过院士选举直到现在都还是很敏感，因此过去在选举之前不公布候选人名单，因为顾虑有人落选很难善后。但是现在都事先公布，或许是认为能够入围成为候选人就已经是一项荣誉，这一点和从前的看法就不同了。中研院的院士选举过程很复杂，要经过一次又一次的审查，以评定候选人的学术成就是否够水准。即使学术著作的数量已经达到，还要看品质如何而定。

关于学术评价，国内外的标准也有所不同。举例而言，经济学者在期刊、杂志发表文章，外国学者很注重该刊物是否有分量。美国的出版界竞争非常激烈，世界各地的经济学者都希望把文章发表在顶尖的学术杂志上，如 AER（*American*

Economic Review）、QJE（*Quarterly Journal of Economics*）、JPE（*Journal of Political Economics*）、*Econometrica* 等，能刊登在这些杂志上的文章，就是备受肯定、第一流的文章。而决定这些文章能否刊登的最重要关键就是主编。主编面对来自全世界的稿件，需要高度的胆识方能选出最好的文章。因为主编对于文章的取舍拥有最后的裁决权，所以有时候他并不完全根据公正客观的标准来决定，投稿人也无可奈何。蒋硕杰先生就曾碰过这种钉子，他的文章已经通过评论人的评审，照例应该可以刊登，可是主编不认同他的观点，最后还是被拒绝。当凯因斯理论流行的时候，蒋硕杰先生曾批评各国的经济学家和经济学界望风披靡之失，现在看起来经济学界已经承认过去这种态度是不正确的，证明蒋先生确有先见之明。蒋硕杰先生以治学态度严谨著称，思虑周延细密，他为台湾的经济付出极大的心力，所提出的建言都有独到的见地，最后也得到相当程度地落实，在台湾经济发展的历程上有极大的贡献。

因为经济学期刊的排名有高下之分，在公认的前五名期刊之中，第一名的期刊评价最高，投稿难度最高，能在这个期刊上发表的文章自然很有分量。但是难道除了这五六种期刊之外，其他的期刊所发表的文章就没有分量了吗？当然也不见得，但是有谁能公正地评断文章的好坏？所以一般经济学界仍然公认，如果能在第一流的杂志刊登文章，就代表有一定的学术水准。我们总是对年轻人说："你能刊登第一篇文章在这种杂志上，可能是运气好；第二篇文章再刊登上去，也可能是运气好，但是第三篇、第四篇、第五篇都能陆续发表，仍然可以归之为运气吗?”能够连续发表文章在第一流的杂志上，就不能归因于运气，至少经济学家是按照此一标准来评断学术水准。

另外，还有一件事可以说明国内外学术界的差异，就是排名次序。以密西根州立大学经济系为例，每年在加薪和升级时，若系内有五个候选人而院长只答应两个名额，评审委员会一定要把五人排名，列出名次高低作为决策参考。按照国外的习惯，凡事都会订出一个标准，将第一名、第二名、第三名等排列出来。关于这一点我们在美国训练有素，大家都有共识，但是国内学术界则不然。多年以前中研院召开院士会议，投票产生前五位入围的院士名单，我建议排出名次先后，以供其他学门的院士参考，结果很多院士不同意。后来他们征询我的意见，是否愿意接受排名。我答说没有问题。于是他们说:“你先试着排出来看一看，我们再考虑。”我排出来的结果是三个人是A，两个人是B。国内院士通常不肯接受排名，认为万一名列第五，有损声誉，所以不答应。其实密西根州立大学的经济系一天到晚在排名次，因为院长每年替员工加薪的时候，将人员分成五组，一个系若有五十二个人，每一组大约有十个人左右，不可能每个人都是A组，一定有人落在B组、C组或D组，校方一定会要求经济系排出等级。不只经济系如此，据说会计系、财务系也都如此做，而且各系之间还可以再进行比较(因为该校的经济系在商学院内)，所以排名对我来说一点都不稀奇。当我在中研院的院士会议里，把排名次序排出来之后，结果名列其中的一个人说："对不起，我改变主意了。"也就是我将各位候选人按排名次序列出高下之后，在众人进行投票之前，他却反悔推翻前议。有些人就是无法接受排名。

我举上述这个例子，用意并不在于批评，而是说明国内外的学术习惯差异就是如此。媒体报道也是抱持同样的看法，这个问题的重要性在于评审不只出于内部的需要，也要接受外界的公断检视。再举升等评审为例，先由系里订出一个升等办法，能够同时兼顾系里同仁和外界学者的意见。候选人可以推荐三到四个校外评审人，系主任也提出一份评审人名单，候选人在系主任所提的名单中选出两人，系主任也在候选人提出的名单中选出两人，合组成评审小组，这样比较公平。四封征询信函发出去，只问评审人一个意见："此人的学术水准如何？假如此人在贵校任职，您是否同意他升等？"这是最关键的一点。如果对方回答："此人很好，但是本校不会通过他升等。"很显然这一句评语是客套话。在回复的信函中，可能有些溢美之词，那当然没有问题；但也可能有很不堪的贬损，其实也没有必要，只要看其中最关键的一句话"是"或"否"同意此人升等。如果系主任根据这些评审意见来决定申请人的升等与否，就没有人会质疑系主任是否公正。国外的学术制度不能说已臻于完善，但是至少这一点很值得我们参考。

不过学术等级的区分，说得难听一些，有点类似阶级制度。我们都是从这种制度中走过来的。在很多大学里，助教授就等于奴隶阶级，即使系里要求晚上必须到商业市区（downtown）

去兼课，也不得不去。当然有很多类似这样的情形，升等之后就会改善。这也可以算是一种磨炼的过程。至于教学与研究之间的关系，各人看法不同。有人认为教书是一种负担，浪费作研究、写文章的时间；但也有人持不同的看法，因为在进行研究工作的时候，教学也可能成为解决问题的一个契机，常常很多问题想不透其中的道理，经由课堂的讲述才发现原来问题的关键在何处，所以得失利弊很难说。而且经常班上总会有几个非常聪明的学生，他们的问题富有启示性。

（二）学术理念

我投身学术研究工作已有数十年之久，多年的经验让我对学术界的生态有深刻的体认。学术界和其他领域一样，不容许满足现状，一旦自满而不思突破，就很容易走到专业的死胡同（professional dead end）里，即便是名校的大教授也无法避免。我到密西根州立大学教书的时候还只是一个年轻的学者，而系上有很多知名的教授。我们每两周举办一次学术讨论会，由我负责安排主讲人。我认为应该多给年轻人一些机会，因为资深而有名望的大教授早已有自己的学术地位和舞台，不需要在这种小型讨论会上一展长才，应该让其他的年轻人有更多发挥的空间。于是我按照自己的想法拟出讨论会的演讲人名单，挑选的多半是年轻的学者，系主任看到名单上没有他的名字很生气。起初我不明白他为何反应如此激烈，心想这么有地位的教授何必和年轻人计较，后来终于理解整个学术的大环境就是如此，任何学者不论他的学术成就有多高，都不能陶醉于既有的成就里，必须和年轻人一样，战战兢兢地不断研究、发现、创新突破，否则很容易被淹没在学术的洪流之中，然后被遗忘。“永不止息的努力”是一个学者最好的箴言。我们常说学术论文永远写不完，可是最好的永远是还没有出版的那一篇，这就说明了何以学者总是承受巨大压力的主要原因。我还记得柏克莱大学经济系的门上张贴着一幅卡通漫画，上面画了一个人独坐在石器时代的洞穴里苦思，有很多人围在洞穴外面，图下有一行标语写着：“So what he has invented wheel, what has he done lately ?”无论过去的成就如何伟大是一回事，更重要的是不断推出新的成果与发现，这才是大家所期待的。我觉得这幅画把学术界的生态表达得淋漓尽致，研究学问就是这么一回事。

我的个性比较乐观，刚到密西根州立大学时，就梦想有朝一日能够对学术有所贡献成为大教授，不管现实环境如何，努力的目标始终没有改变。当时学校里很少邀请著名的学者来参加讨论会，我和同事梅耶（Tom Mayer，现在加州大学戴维斯分校任教）为了能够听到精彩的演讲，不顾路途遥远，每两三个星期都专程开车到 Ann Arbor 的密执安大学去听演讲，每次车程要花一百四十分钟来回，等到演讲结束后再披星戴月赶回密西根州立大学。我们两人开车奔驰在月色之下，总会聊起共同的理想，梦想未来有一天我们会成为知名的教授、真正有影响力的学者，彼此互相勉励，努力以赴，两人因此结成莫逆之交、永远的朋友。

在我一生当中学术研究占有很重要的分量，学术生涯是一种理想的追求，也是一种梦想的实现，从来不曾放弃这个目标。但是学术研究也是一条漫长而辛苦的道路，需要极大的耐心和毅力才能完成。换言之，除了理想之外，还要有动力。对我来说这是一种来自内心的驱策和使命感，凭着这股力量才能构筑梦想。终其一生我都坚持学术理想，虽然不能说已经达到完美无缺，但是总算问心无愧。如果人生可以重新来过，我的研究方向可能会有所改变，选择一个重要的题目全心投入。例如过去我没有发现消费函数的重要性，可是 Friedman 据此分析“暂时所得”和“恒常所得”对消费有不同的影响；Franco Modigliani 则提出生命周期（life cycle）理论，强调人的一生从年轻到老年会经历借贷、赚钱、储蓄等阶段的周期，结果他们两人因此一举成名，都得到诺贝尔奖。就这一点而言，我不无遗憾。如果可以多一些时间，如果年轻时不赶着发表文章、不被这些文章限制住，我会重新思考，慎重选择研究课题，结果也许会完全不同。熊彼得教授是世界知名的经济理论学家，也是一个典型的实践者。他曾说过假如可以重拾过去，他要专攻经济史，理由是“真正发生过的事才重要（What actually happened is important)”。他的话令我很感动，如果时光可以倒流，我的研究领域肯定会有不同的思考方向与发挥的空间。无论如何，学术研究最重要的是要结合理论与实务。

我选择走上学术研究这条路完全是出乎意外，本来以为自己在美国念完书，拿到学位之后就回上海，可以说是一件顺理成章的事，无论是出身背景、家庭环境以及所受的训练，都让我觉得自己的未来最终目的是在商界发展，万万没有想到出身于上海重商阶级家庭的我，却走向学术界发展，成为一个从来不曾在我脑海中出现过的教授身份。这样的发展不仅令周围的亲戚朋友感到惊讶，连我个人都觉得很意外。不过人生的际遇很难说，生命里有许多遭遇和转变是无法预料的。如果早知道自己会走上学术研究这一行，我一定会及早准备，专心研究、发表文章，而不会在毕业后去外交界经历五年的公务人员生涯。当年我在哈佛大学的同学杨联升先生（也是中研院院士）就有先见之明，近年学界把他在1940到1950年代和胡适先生往来的书信集结成书出版（胡适纪念馆编，《论学谈诗二十年：胡适与杨联升往来书札》，台北，联经出版社，1998）。我很佩服他的眼光，早在当年求学的时代就已经知道保留这些书信的重要性。我当初确实没有他想得那么深远，也不知道研究著述的重要性，现在回想起来难免有些遗憾。

（三）以知识谋生的第一代美籍华人

在中研院院士会议餐叙之时，许多院士谈到我们是以知识在美国谋生的第一代华人。早期移民美国的华侨很辛苦，他们都是坐船漂洋过海，去美国从事劳力工作，在餐厅里端盘子、洗衣服、修筑铁路，没有机会受教育。有些男人持用在广州高价买来的出生证明入境，唯有如此他们才有机会到美国，而女人当时根本不能去美国移民。我刚来美国到伊利诺大学进修的时候，遇到一个中国学生，他亲口告诉我购买假证件的经过，并说自己本姓张，不姓王，可是购买的出生证姓王，他只好改姓。早期移民新大陆的华人对美国的贡献很大，举例而言，美国铁路网的东岸线和西岸线两大系统的连接，筑路劳工中以爱尔兰人和华人出力最多。两者比赛南北太平洋二大铁路接轨的速度，结果华人先完工。可是等到整个铁路系统竣工后，在纪念完工落成的团体合照中看不到一个华工，好像铁路的修筑和华人完全没有任何关系。其实华工修筑美国铁路的历史很值得大书特书。

另外，还有一则关于歧视华人的轶事。我有一个朋友在维吉尼亚大学教书，正好系上有教职出缺，他推荐一个中国人来任教，但是系主任总是不置可否。后来系方邀请这位中国学者来演讲，结束之后，系主任说："好，我们决定聘请他，因为他的妻子是中国人，没有问题。如果他的妻子是美国人，我们就不能聘请他。"早期美国人反对中国人和美国人通婚，尤其在南方，现在情形虽有改善，但是在美国南方还是有这种保守的思想。

陈香梅女士的故事更是众所皆知，她的先生陈纳德（C. L. Chennault）将军是飞虎队（Fly Tigers）的成员，对日抗战时在中国立下很大的功劳。陈纳德的原配是路易斯安那州人，该州法律不承认白人嫁娶非白人的婚姻，所以在法律上陈纳德的原配仍然是他的合法妻子。后来陈纳德临终之前，律师告诉陈香梅应该趁机先取得财产，否则一旦他去世之后，一切财产都不归她所有。早年这种事情很多，我们这一代的人在美国受到这类种族歧视的事情还是时有所闻。人们的观念逐渐开通，也是近一二十年的事，例如我曾提过自己买房子的经验就是一例。过去种族歧视的情形很严重，不只是华人，连犹太人也在不受欢迎之列。"民主"、"自由"的口号，美国人说得震天价响，常常批评大陆的人权问题，但是美国人自己在历史上的人权纪录也很差。

我们这些在美国求学读书，再留下来以知识谋生的第一代华人，的确是中西文化相互冲击下的产物，我们的移民经历或可留待未来历史的评价。我就自己亲身经历的一二件事加以叙述。一是在 1970 年时，密西根州立大学有一位来自台湾的单身女留学生，来校不久以后发现她罹患急性癌症。她是家中唯一的孩子，而且自费来美留学，这是一件极不容易的事，因为她的家境并不富有。她得知生病的消息后，知道自己命在旦夕，她只求能够死在台湾。很多学生都同情她，问题是旅费筹措不易，因为她不能单独返台，一定要有人同行，在途中看护灌输药水，所以她需要三张头等舱机票，其中两张给病人和护士，第三张是医疗设备，总计约 6,000 元美金。在这种情形之下，校内亚洲学会（Asia Institute）的主持人来找我商讨此事，因为学校预算中没有这笔经费，只能用捐赠的方法。我提议由亚洲学会出面写信给与中国有关的教授、学生及当地华侨，请他们捐赠，所得捐款由亚洲学会负责收入和支付。这封信发出之后不到两个星期，亚洲学会收到华人的捐赠不计其数，其中有许多人是匿名捐赠。在亚洲学会主管收款的 Mrs. Kumata（她是一位日裔美籍人士）大为感动，她从来没有看过华人在美如此团结、互相帮忙，事后不但付清全部的开销，还有余款留在亚洲学会，以备将来作为类似的用途。

第二件是华人被杀事件。底特律（Detroit）是美国汽车制造业的重镇，但是因为日本汽车的倾销，使当地很多汽车工人都失业了。有一天一个华人在酒馆里喝酒，被一名失业的汽车工人误以为是日本人，就攻击他，把他打死了。这个事件发生以后，因为法院只判凶手很轻的罪，引起华裔人士的愤慨，所以决定联合起来严惩凶手。当地有一位热心的杨太太找我商量，想要聘请最好的律师去起诉，但是不清楚需要多少预算。我先请她订出一个大概的价格，据她所知五万元左右可以请到很好的律师。于是我答应她由我们学校的师生负责捐出五千元，余款由我再到校外发动募捐。消息传出之后，在加州的华人协会立即表示愿意动员支持，保证筹到五万元没有问题。接着华盛顿的华人协会促请美国联邦政府以“违反人权”（violation of civil rights）的名义，向这名底特律工人提出告诉，可以不必付律师费。最后终于把这个工人判处长期监禁。同时各地很多华人踊跃捐钱，所募得的款项远超出五万元。我们决定将这笔捐款送给受害者的母亲，但是被她婉拒了。她还建议将这笔钱存入银行，以备将来若有类似的事件发生可以运用。更出乎我们意料之外的是协助处理这件诉讼案的律师，他不要任何报酬，藉以证明他更在乎金钱以外的社会价值，如公平正义等。过去有人常说中国人像一盘散沙，但是上述两件事可以说明我们华人的表现很团结，并不是一盘散沙。

（四）家庭生活

我和内人韦澄芬（Delia Koo）都就读于上海圣约翰大学，她比我低一届，虽然她的哥哥是我的中学和大学同学，但是我们两人并不认识。直到我上大二时，我们选修同一门课，恰好老师把两人的座位排在一起，才有机会认识对方。1940 年我先到美国进修，一年后她也来到美国，在这段期间我们彼此以信件联络。我在伊利诺大学读了一年，取得硕士学位。因为澄芬要在哈佛大学就读，我就申请转学到哈佛继续攻读博士学位。她的语言能力很强，英文很好，最感兴趣的科目是数学和化学。她本来打算到美国后攻读数学或化学，后来因为申请到哈佛大学一笔很优厚的奖学金，就继续念英国文学，最后取得语言学（Philology）博士学位。她在写博士论文的时候，大女儿还小，既要照顾小孩，又要写论文，实在很辛苦。所以在1945年时，我已经毕业，在华盛顿做事，正预备回上海，她必须要在短短的五六个月之中把论文写完，我怕她的身体吃不消，就决定暂

2000年摄于“顾韦澄芬国际学术中心（Delia Koo International Academic Center）”命名典礼之前（转载自*MSU News*，2000年11月22日）

时把大女儿送到波士顿的寄养家庭，让她一个人在学校专心写论文，趁着这半年的时间一口气把论文写完。我认为眼前最重要的事就是她赶快把论文写完，其他的事情可以想办法解决。直到现在她还常常提起这件事，说我当年“硬逼”着她把论文赶出来。其实她也明白我鼓励她坚持下去、不要轻易放弃的苦心。我认为既然要读书深造，就算硬着头皮也要坚持把论文完成，有始有终。我的个性就是如此。

内人取得博士学位之后，仍然想要进修数学或化学。她虽然主修语言学，可是以她的华人背景而言，在美国教英文并不有利，而且她的兴趣仍然在理工学科，所以后来还是选择攻读数学、教数学。当时我们两人任教的学校相距很远，她从家里开车去学校至少要八十分钟，每周独自开车往返，有几次就住在学校附近。现在回想起来，她那几年的通勤真是辛苦，实在难为她。

我要特别感谢内人的是，早期我的学术论文在投稿之前都经她帮忙修改润饰，因为我的英文素养不如她。美国的学术出版界要求很严格，文章写得不好就没有机会发表，通常只给投稿者一次机会，万一被退稿就很难再有机会改投他处，所以处理文稿必须非常慎重。内人总是不厌其烦地帮忙改稿润饰，否则出版社未必肯接受刊登我的文章，令我十分感激。尤其是我整理 Habarler 教授的论文集出版时，她更是大力帮忙校对工作。三大册论文集合计有上千页，校对起来得花费许多时间，还好内人帮了大忙，否则以我个人的能力一定无法顺利完成，为此我要诚挚地向她道谢。

内人对于家庭的照顾和女儿的教育，也令我深为感谢。我们两人的工作都很忙碌，可是无论工作再忙，她都会把学校的课程安排妥当，配合小孩的放学时间回家陪她们。两个女儿小时候大部分都是由她照顾，她得花许多时间陪她们，而我整天忙于研究工作，很少在家。其实我也很想多花一些时间陪她们，可是很遗憾没能做到，这一点令我对内人深感抱歉。我还记得大女儿在襁褓中的时候，我们两人都忙于课业，上午把孩子的娃娃车推到哈佛大学 Widener 图书馆的外面，然后两人各自进去念书、研究，等到傍晚四五点才从图书馆出来，一起把她推回家。这种做法很不对，因为当时我们太年轻，一心一意只想到工作，才会犯这种错误。还好当时的社会风气尚称良好，否则孩子丢失了，后果不堪设想。

我和内人于 1943 年结婚，至今已五十余年，她为我和女儿付出太多，可是我平日很少赞美她，以致她可能误认为我吝于赞美她。我想一般中国人都比较含蓄，不习惯把感谢挂在嘴边，但是在我心里对她充满感谢之情。有一次我对她说："虽然我平日很少向你表达谢意，可是在我的心目中，你是我最初、也是唯一的挚爱（You are my first and only love）。"我认为她把心力都奉献给家庭和孩子，以致没有多余的时间钻研学问（她著有两本数学书籍，一为 *First Cause in Modern Algebra, with Problems by Isobel Blyth and Jovce Burchenal*, New York, Frederick Ungar Publishing, 1940 and 1963，另一为 *Elements of*

Optimization, with Application in Economics and Business New York, Heidelberg, Berlin, Springer Verlag Publishing, 1977；林少宫、李楚霖中译，《优化数学要义及在经济学和企业中的应用》，上海，商务印书馆，1984）。为了家人牺牲自己的学术前途，这是我对她最大的亏欠。我可以肯定如果没有这些负担，又可以钻研自己有兴趣的数理科目，她后来的成就一定不可限量。人生有时候很无奈，难免有些缺憾，我一方面很庆幸自己一生衣食无忧，又可以做自己有兴趣的事；可是另一方面也对内人深感愧疚，她是我唯一亏欠的人。

这几十年来我们都住在美国人的社区里，生活方式已经和美国社会融合在一起。我们的家庭关系也是美国式的，对女儿也是采取美式教育。她们从小在美国人的社区长大，邻居、同学都是美国人，很难有机会对她们实行中国式的管教办法。以前内人健康较好的时候，我们常在家里宴客，每逢有中国学者到密西根州立大学来访，我们总会招待他们。后来我到佛罗里达大学经济系任教，过去系上从来没有中国教授，我去了之后也开始邀约宴请同事，建立深厚的情谊。我始终抱持一个观念，既然住在美国，就要想办法接近、融入美国社会，毕竟在这个环境中最能帮助自己的还是美国人。现在有很多中国人到美国之后，都选择住在中国人聚集的社区里，无法融入美国社会。我认为这样不太好，应该在生活中逐渐习惯美国模式，才能深入了解当地的文化和社会。

我和内人都很重视子女的教育，也肯定教育是人力资本投资（investment of human capital）。我们的教理念很简单，就是尽可能提供孩子们良好的教育环境，但是不强迫她们选读特定的科系，给予她们充分的自由，尊重她们的选择。她们有各自的目标和理想，我们从不加以干涉。我认为选择人生的道路最重要的关键就是兴趣，不管投入任何行业都可以发展，父母毋须多加限制。我在学校教书时，也常常告诉女同学生涯规划要有长远的眼光，能够拥有一个稳定的家庭而不用出外谋职固然很好，但是仍然要考虑人生难免有风险，一旦发生变故的时候必须依靠自己，所以我鼓励她们尽可能取得更高的学位，以备不时之需。因为人生的道路很长远，拥有高学历或一技之长，才是个人独立自主的最佳保障。学生们常在下课之后到我的办公室闲聊，说我的口气和她们的父亲一样，总是苦口婆心地劝

2000年于中研院近代史研究所再度接受访问

说、鼓励她们。

归纳我的一生，“幸运”两字是最好的注脚。我的家庭幸福和乐；在学校求学时，得到老师的教诲，尤其是 Habarler；之后，教书、研究、发表文章；并承蒙刘大中、蒋硕杰两位先生把我引入到台湾来，参加对经济政策提出建议的工作；后来又追随邹至庄先生到大陆去，参与同样的经济顾问咨询工作。这三位学者都是精通经济学的大师，他们各自杰出的学术贡献已有定论。就我个人而言，只能说是这三位经济学大将招纳我做了一名小兵，加入他们的行伍，参加台湾和大陆消灭贫穷的战争。所以我想这本书可以称之为《我对大陆改革开放与台湾经济建设的建言》。

附录一
顾韦澄芬小传
(Delia Koo's Biography)

I was born on May 14, 1921, in Hankow (汉口), Wuhan (武汉). The name of the city has now been changed to be simply Wuhan. My father was a business man. He was a graduate of St. John's University (圣约翰大学), a college established by the American Episcopalian missionaries (圣公会), in Shanghai. My mother, a graduate of St. Mary's Hall (圣公会圣玛利亚女校), a sister High School of the same missionaries, was his second wife. His first wife died at childbirth, along with the unborn baby, and on her deathbed she recommended my mother to him. After their marriage, the couple moved from Shanghai (上海) to Wuhan, where my older brother was born, in December, 1919. I was their second child.

My great grandfather was a very successful entrepreneur. Our ancestral home was in a village in QuangDung (广东) province. The county in which the village was located had the name ShangShan (Fragrant Mountain, 香山), but later it was changed to ZhongShan (中山), in honor of Sun Yat Sen (孙逸仙), the founding father of the Republic of China. As was quite common in China, many people had two names. Sun Yet Sen's other name was Zhong Shan (middle mountain). In fact, my parents each had two names. My father's name was Wei Hwen Tsang (韦焕章), and the other (formal or school name) was Wei Shui Tso(disciple of the great emperor Tso, 韦学周). My mother's two names were Dzung Shan Kyuin (郑香君) and Dzung Shui Ling (郑绣菱). Our ancestral village is next to the village of Sun Yat Sen. Some time in the 1970s, as Quang Dong Province grew, the name of the county was changed toTsu Hai (Pearl Sea). My husband and I visited my ancestral village for the first time when we were in Quang Dung in 1991. That summer we were in Kwang Zhou (广州) where my husband gave a six or eight week course in Economics to students at Lingnan College of Zhong Shan University (中山大学岭南学院). My great grandfather Wei probably started his fortune by exporting tea to Russia. The tea was packed in bricks and was immensely popular in both Russia and Europe.

The word "tea" is from the Russian word "chaii" which was from the Chinese word for "tea". As his fortunes grew, Great Grand Father Wei expanded his activities to mining and railroads, and moved his headquarters to Wuhan, which was more centrally located as compared with the southern province of Quang Dung. He had four sons, and the third son was my grandfather. As was often the case with offsprings of wealthy parents, my grandfather never really worked and simply lived a life of leisure and comfort. I remember one habit of mine which was first introduced to me by my grandfather. He enjoyed good food and taught me not to hurry at dinners. In fact, he said that I should always chew my food for about fifty or sixty times in a graceful manner, not acting as though I was starving. Today, I still find myself the last one to finish at any dinner.

My father was the second of my grandfather's two sons. I

suppose that it was fashionable at that time for young men to be college educated and to learn some foreign language. So my uncle and my father were sent to St. John's University in Shanghai. My uncle (伯父韦宪章) was a classmate of T.V. Soong (宋子文) (older brother of Madame Chiang Kai Shek, 蒋介石). At that time T. V. Soong was not wealthy or important, because that was before Chiang Kai Shek's northern expedition and was just starting his military conquests. My uncle patronized T. V. Soong and Soong, who was a good student, frequently helped my uncle in his studies. They became fast friends, and when Soong became powerful, he appointed my uncle to be the Director of the Mint (中央造币厂厂长), a prestigious and lucrative position which required little administravie skill.

My father was very bright and excelled in both academics and sports. He won numerous sports medals, which he displayed in our house, and he was particularly known for his pole jumping and established some records. His command of the English language as well as his athletic prowess naturally caught the eye of the international business community. Soon after his graduation from St. John's University, he was offered the job as Chinese manager of Butterfield and Swire (太古洋行), an English firm with vast interests in China and other parts of Asia. The company still exists in England. My father's main job was to oversee the shipping and trade on the YangTze River. Thus, soon after he married my mother, he moved his family to Hankow, Wuhan, which is a strategic city linking Shanghai and Chungking (重庆).

My mother's father was a rather poor and sickly scholar.

Although his ancestral province was Hunan (湖南, the same province that Mao Tze Dung, 毛泽东 was from), he had never been to Hunan but lived in Suzhou (Soochow, 苏州). My mother was the oldest of his four children. She was followed by two brothers and a sister. Soon after my younger aunt was born, Grandfather Dzung died, leaving my grandmother a very poor widow. But my grandmother had a beautiful younger sister. She was known for her beauty throughout Soochow, which was a neighboring town of Shanghai. In fact, Sutzou, or Soochow, is now part of metropolitan Shanghai. That sister married the wealthiest man in Shanghai, Mr. Yeh (叶子衡). Yeh's father (叶澄衷) was such a successful banker and merchant in Shanghai that I found his name and brief biography in one of the Chinese books about Chinese banks. So senior Yeh was the business tycoon of Shanghai and China's east, and senior Wei was the tycoon of Central China. After Aunt Yeh got established, my grandmother Dzung moved into her mansion along with her four children. At that time my mother was about 15 years old, while her Aunt Yeh was in her early twenties. They became extremely close to each other. Later, after Aunt Yeh had a daughter and son of her own, she never cared for them as much as she loved my mother. All the servants in the Yeh household addressed my mother as "da shiao che" (大小姐), number one young mistress. It was when she was number one young mistress of the Yeh family that she married my father and moved to Hankow.

Since my father had command over all the Butterfield & Swire's ships which travelled between Shanghai and Hankow, my mother would take me and my brother to Shanghai at least once a year. My father, as a wealthy sportsman, owned a stable of race horses and had several jockeys living with us. The year before I was born, one of his horses won a race. With the winning, he built a summer home up on the mountain Lushan (庐山), in ChiangShi (江西) Province. It was a very handsome structure built with boulders and had many bedrooms. Soon after my birth, my father sent my mother and my brother and me to the summer home, where we spent the summer. He and his guests would visit us occasionally, but for the most part he was having a great time in Hankow. In order to get to LuShan, one would have to stop in the city of JuiChian (九江), which was and is still known for its fine pottery. My mother bought countless sets of fine china (pottery). So summers were spent on the mountain and winters were spent in Shanghai.

The Yeh mansion had tennis courts, and my brother eventually became an excellent tennis player. He was the tennis champion of the city of Shanghai during his freshman year at St. John's University in 1936. I hated all sports and had a fear of the ball. Somehow I felt the swift and hard ball would always find a way to hit me. I would hide behind a chair and read, and eventually developed near-sightedness. The only thing slightly related to sports which I rather tolerated was horseback riding. My brother and I each had our own horse, and mine was rather gentle.

All his lavish style of living eventually caused my father financial ruin. Although he never declared bankruptcy, he had accumulated so much debt that he couldn't pay back all his creditors. Fortunately Great Uncle Yeh paid all my father's debts, but decreed that he must leave Hankow and start a new life. My father went to

TienTsin (天 津) to oversee some of Yeh's business interests. My mother and my brother and I were moved into the Yeh household. My father then went to TienTsin and my mother, in humiliation, didn't want to live as poor relatives of the Yeh's. She rented a modest house in Shanghai, moved her mother, my grandmother Dzung and her siblings, her two younger brothers and younger sister and the older son of my uncle, her brother, all into our house. My mother was a very accomplished pianist, and she gave piano lessons. We were in greatly reduced circumstances. This life style continued till 1936, when my father returned from the north to Shanghai. In the meantime, Uncle Yeh had died.

My father, sobered from extreme lavish way of life, resumed his connections with the English business community. We moved into a slightly larger rented house which was nothing compared with the one in Hankow, and Grandmother Dzung, Aunt Dzung and cousin Dzung moved in with us. Cousin Dzung is the older son of my mother's brother. Both he and the other Dzung brother found ways of making their own living and left us. We had a car and a chauffeur and I still remember the dark green Pontiac. The year was 1936. My father was particularly fond of me and allowed me to have my own private accounts with the best dress shop and shoe store in Shanghai. Up to recent years, I owned hundreds of dresses and pairs of shoes. Tensions between China and Japan mounted and Japan occupied Shanghai except for the small international settlement (公共租界) and French settlement (法租界). My father left for Hongkong, and my mother immediately moved into a small rented house.

When we lived in Hankow, my brother (韦镇兴) and I never

went to school. Instead, we had a private tutor who came to our house everyday. I have pleasant memories of that sun room in which we had our classes. The teacher was a Chinese scholar who taught us Chinese, and Chinese only. We started when I was only 4 years old. My brother, being a boy and only 6, was naturally not particularly interested in studies. At first he was meant to be the only student, but I enjoyed the sun room and listened in. One day, when my brother couldn't read a passage, I recited that passage. Amazed that a 4 year old was able to memorize the passage, not yet taught to her, the teacher included me as his student, and thus started my several years of classical Chinese. I memorized all the important classics such *as the Four Books* (四书 , *Confucius* 论语 , *Mencius* 孟子 etc.), *as the Tang poems* (唐诗), and *Ku Wen Kuan Tse* (*Best Pieces of Ancient Literature*, 古文观止). In fact, I could even compose a few Chinese poems in the classical style. Our studies were abruptly terminated when we moved to Shanghai.

My mother, of course, could no longer afford private tutoring for me and my brother. My brother was sent to Y.M.C.A, the elementary school of the Episcopal college. My husband was a classmate of my brother, but we never met till 1937. The year was 1931, and I was 10 years old. My aunt, 14 years older than I and still part of our family, was a fun-loving person and kept failing in school. She was still a student at St. Mary's Hall, the Episcopal alma mater of my mother. It was decided that I should attend St. Mary's Hall. In order to get admitted, I had to pass the entrance exams, which consisted in the three subjects of Chinese, English and mathematics. I only knew Chinese, and my knowledge of mathematics was limited to counting, addition, subtraction and multiplication, which I learned on my own when in Hankow. My mother gave me some quick lessons in division and simple fractions. My aunt got hold of an English textbook which was used at St. Mary's and taught me from it. After a summer of preparation for the entrance exams, I was admitted to Seventh Grade Chinese, Sixth Grade English and 4th Grade math.

St. Mary's was a boarding school and there were 4 girls in a room. My aunt was my roommate. Another roommate, three years old than I, was the granddaughter of my Grandma Dzung's best friend. She was very mature for her age and got along beautifully with me and my aunt. She was one year ahead of me in class, except for Chinese, because I was admitted to the higher class. Eventually I caught up with arithmetic and was classified as a student belonging to the class which would graduate from St. Mary's in 1937. My Aunt finally graduated in 1932. That friend graduated in 1936. She now lives in Los Angeles and we have been friends all these years.

When I graduated from St. Mary's Hall in 1937, I planned to go to YenChing University (燕京大学) in Beijing (北京) and passed their entrance exam. But the Japanese had already occupied Beijing, and my mother decided that I should go to St. John's University. At that time the campus of St. John's was not actually in the International or French Settlements, but was in a section of Shanghai called "extension of the International Settlement." In order to get to the campus, one had to walk across a park (中山公园) (It is now called Zhong Shan Park by the Chinese communist government.). One day, as I walked through the park, Japanese airplanes were flying low and shooting at us. It was a scary experience. The administration of St. John's decided to move all offices and classrooms and labs to a building in downtown Shanghai, in the International Settlement. It was a big building and St. John's occupied 3 or 4 levels, and some other university occupied some lower levels. That building, called Da Loh (Big Continent) merchandise Mart (大陆商场), became the war time academic center of Shanghai.

I was a freshman and my husband was a sophomore, having transferred to St. John's from another university called Shanghai University (沪江大学). We happened to sit next to each other in a European history class. Almost all classes, except Chinese, were taught by American Episcopalian missionaries. I, at age 16, had a great time joking with everyone in class, particularly with my future husband who sat next to me and was a shy person. He promptly became captivated by me, but I was having fun and had no interest in that shy boy. Instead, I had lots of boy friends and soon became a "steady" friend of another young man. He, as well as Anthony Koo (顾应昌), were classmates of my brother.

My father was still in Hongkong all this time, while my mother stayed in Shanghai with Grandma and Aunt Dzung. When I finished my freshman year, my father obtained a scholarship for me at Hongkong University (香港大学). This was the well known and prestigious Hongkong University and the teachers were all Englishmen from England. I did well as a sophomore, but some time around Christmas, I slipped on one of those mountain paths by the University and badly sprained my ankle. The sprain refused to heal for weeks, and I became homesick for Shanghai. After I finished my sophomore year at Hongkong University, I returned to Shanghai and to my pleasant life at St. John's.

Towards the end of that junior year, the Americans felt the threat of the Japanese to be closing in, and decided to leave China. (The few who remained were later placed in concentration camps by the Japanese after War between Japan and United States broke out in December, 1941.) Miss Cooper, a very popular teacher at St. Mary's, decided to let me be her successor upon her departure back to the United States. Thus I became a high school teacher, while a senior at St. John's, at the age of 19. The subjects were French I, French II and physical geography, and the students were 11th and 12th graders. Several of them were only 2 or 3 years younger than I, and I couldn't maintain any discipline in class, and I certainly lacked the charm and skill of Miss Cooper. In order to keep my classes from turning into bedlam, I resorted to strict measures. We were required to speak French in the French classes. Since there was no textbook for physical geography and Miss Cooper relied on the National Geographic magazines, I would test the students frequently on the contents of the National Geographic. My reputation as a horrid teacher went all over Shanghai, and even Anthony Koo, who was a first year graduate student at the University of Illinois in Urbana, Illinois, heard of my bad reputation.

I survived that year and even managed to graduate from St. John's with various high honors. I had acquired a reputation at St. John's as a brilliant scholar and popular girl. As I was about to graduate from St. John's, my father, who was still in Chungking decided to send me money to go to some graduate school in the

United States. I had little knowledge of colleges in the U.S. and had heard of Wellesley College, the alma mater of Madam Chiang. I thought I should go to Wellesley. But the principal of St. Mary's, one of the few Americans who had not left China, told me that I should go to Radcliffe College. At that time Radcliffe was the sister institution of Harvard University.

Meanwhile, my brother, who was ahead of me in class by one year, graduated in 1940, and decided to go to Chungking to escape the Japanese and to join my father, who moved to Chungking as soon as the Japanese occupied Hongkong. Those were the years when the Chinese were pushed with their backs to "the wall", and Chungking was our last stand. Conditions were chaotic, housing was poor and in 1943-1944 my brother got sick and had no adequate medical care. He stayed alive in Chungking and returned to Shanghai when the war ended in 1945, a dying person. He died in Shanghai and my mother was inconsolable. She blamed my father for having neglected my brother while in Chungking, and mourned my brother for the remaining years of her life.

When I was a student at St. John's, I registered for the courses which I thought were easy-English, French, German, and religion, and accumulated lots of A's and A Pluses. It was therefore no small wonder that I received the distinction of being made a member of the Phi Tau Phi Honor society of China, a society with very few members. I graduated with a major in English, although my knowledge of English literature was very limited. This would become a problem for me when I went to Radcliffe College.

Threat of war tensions was very high in the summer of 1941. It was with great difficulty that I managed to get a visa to United States and a passage on the S.S. President Harrison, the last passenger ship to leave China for the U.S. We arrived in San Francisco after a three week journey across the Pacific. When I landed in California, Mr. And Mrs. Woo, my father's friends, insisted that I must stay in their house for a few days to attend the forthcoming engagement of their daughter to Mr. T.A. Soong (宋子安), the youngest brother of Madame Chiang. While preparations were going on for the lavish engagement party to be held at the Woo residence, T.A. Soong and Mr. Woo escorted me and another girl friend to an amusement park in the bay area, partly to get us out of the way. I had my first, and last, roller coaster ride of my life. As we waved frantically for T.A. to let us off, he kept us' up there for a couple more rides, saying later that he interpreted our arm gestures as signaling fun over the excitement. Roller coasters in 1941 were much less challenging than the ones of today.

After a train ride from California to Chicago, I arrived to find the Chinese students in Chicago and surrounding areas getting ready for a big Oct. 10 (Chinese National Holiday) celebration. We stayed for the celebration and eventually arrived in Boston around the middle of October. I looked up a former schoolmate from St. Mary's and she told me to register for a course taught by Howard Mumford Jones. Jones had received an honorary degree from Harvard at its 300th commencement. Jones was one of the best known and honored Professors at Harvard, and I should attend his class.

The course was entitled "bibliography". I didn't know what the word bibliography meant. After I got settled in a rooming house at

19 Arlington Street in Cambridge, I went to Harvard yard and found the classroom. As I entered the room, Professor Jones was handing out slips of paper to the students, and gave me one. The paper said "unpublished works of Swinburne". It turned out that each student was given a different assignment to turn in a bibliography, consisting of English, French and German citations, of that English writer, in two weeks. I had never heard of the name "Swinburne", let alone not understanding what the assignment was about. After class, I went up to Professor Jones, told him that I had newly arrived at Harvard and was just getting to know my way around the city and campus and my training in English literature at St. John's did not get to this "Swinburne". Would Professor Jones either allow me more than 2 weeks to turn in my assignment, or, better, exempt me from that assignment□ Professor Jones' prompt reply was "You don't belong to this class and should withdraw." His tone of voice was so arrogant and decisive that I immediately felt challenged. I would not and did not withdraw from his class. I worked hard, and my knowledge of French and German came to good stead. I turned in my assignment at the same time as all the other students. I stayed in the class and finished with a respectable grade.

I should mention that some of the graduate students at Harvard and Radcliffe were distinguished recipients of various academic honors from both the U.S. and Canada, and were English majors in their undergraduate careers. There I was, who had studied only Shakespeare, Charles Dickens, Byron, Shelley and Keats, perhaps selections from Milton's Paradise Lost and Francis Bacon's Essays. That was the extent of my exposure to English literature. And I was competing with all those students who were far superior. As the winter months approached, I would walk one mile from Widener Library to Arlington Street, braving the snow and cold wind, tears streaming down my face and wishing that Widener Library and Harvard would burn down. To this day, I remain sympathetic to students who were reported in newspapers as having done serious damage to certain university libraries, such as the one in Illinois.

Somehow I survived and actually received my M.A. in English with A's except for the B+ in Bibliography at the beginning of June, 1942, a little over 7 months of my arrival. Radcliffe was so pleased with my achievement that I was awarded an Evans Fellowship. It carried a stipend of $1000, which was a handsome grant in 1942. Tuition at Radcliffe per annum was $450 (Harvard's tuition was $400, but Radcliffe students had to pay an extra $50 in order to be in the same classes as Harvard men), room and board at Bertram Hall on Shepard Street, the graduate dormitory for Radcliffe women, was $500. Therefore my stipend of $1000 was $50 more than needed. Instead of giving me cash as pocket money, the Dean of Graduate School assigned me to a suite in Bertram Hall. It had a bedroom and a living room with a fireplace and a very nice window seat.

Now I never cared for English or English literature. I graduated from St. John's as an English major simply because my mother didn't think it would be a good idea for me to study the laboratory sciences or mathematics (chalk from blackboards). Besides, it would be nice for a girl to know foreign languages. When I arrived at Harvard, 3 weeks after classes had already started, I neither had the courage nor the knowledge in any other subject to change from English. Then the lure of the Evans Fellowship was too much to resist. So I found myself going on to becoming a Ph.D. candidate in English.

My contacts with Professor Jones did not end with that Bibliography class. All Ph.D. students in English were required to take Latin. Beginning Latin was taught by Professor Whatmaugh who was an eccentric disciplinarian. The class met at 8 a.m. in a small third floor classroom in Widener Library. I liked languages, including Latin, but it was very hard for me to get up at the crack of dawn, make my way from Shepard Street to Widener Library and climb those big steps to the top floor. It rained the second day of the meeting and, as I struggled with my umbrella and books, was 3 minutes late to class. Professor Whatmaugh had already locked the door at exactly 8. I had to knock on the door to be let in, whereupon he scolded me vehemently and said he would not allow such reprehensive behavior again. After I got back to my room, I was seething with anger. Took out my pen and wrote a long letter to the chair of the English Department giving all kinds of reasons why Latin, a dead language, should not be a required subject in the curriculum. Once in a while, when I get inspired, I would produce a good letter, and I was inspired that day. It turned out that Professor Jones was the chair that year. He declared that if an English major could write such a good letter, he/she could be excused from Latin. My knowledge of Latin is therefore limited to Lesson 1. By then, I was engaged to be married and Professor Jones apparently took a liking to this gutsy Chinese student. He offered to act as my "father" to give me away at my wedding. It was an honor to have such a famous man be a part of my wedding. We were married on June 6,

1943 in the Episcopal Church at Harvard Square, next to Radcliffe yard, where we had our wedding reception and celebration..

We moved into a one bedroom apartment at 91 Trowbridge Street, a short distance from Harvard's Memorial Hall. Although I continued to receive a fellowship from Radcliffe, the stipend was not enough to cover the living expenses of two persons. The China Institute, headquartered in New York, had funds to subsidize all Chinese students in the U.S. who had no private or university money to keep them in college. My husband was one of the recipients of the China Foundation Grant. He was studying to get a Ph.D. in Economics. We lived modestly, but our apartment was always the headquarters for the Chinese students at Harvard and M.I.T. Friends would bring food and eat with us. My husband had already passed his preliminary exams, called "general" at Harvard and Radcliffe, but I was preparing for mine. Before we knew it, birth control measures turned out to be ineffective, and our first child, a daughter, was born only 13 months after our marriage.

To retrace my steps a little, at that time I had completed my course requirements and declared that I would write my Ph.D. dissertation under Professor Francis Magoun, whose specialty was Old and Middle English. Again, as was typical of my misguided behavior, I chose Magoun simply because I received A + 's in Beowulf and Chaucer. Magoun was delighted and immediately took me under his wings. The Magouns gave us all their old baby equipment and became god parents of Vicki, our child. In 1945 my husband completed his Ph.D. and got a job as a temporary employee of the Chinese Embassy in Washington, D.C. The Chinese

Ambassador was Wei Dao Ming (魏道明), and his current wife was a good friend of Anthony's older sister, Mrs. Hu Lin (胡霖), the executive editor and publisher of Da Kung Bao (大公报). In August, we moved to Washington. It was during the time when Japan surrendered and housing was extremely scarce. My husband had to get up at 4 a.m. in order to line up to get a lease for a row brick house on 14th Street, N.E.

Although my husband had finished his Ph.D., I had only passed my "general" and was starting work on my dissertation. It was not feasible for me to do research on Anglo Saxon languages away from Harvard's Widener Library. Radcliffe awarded me an Anne Radcliffe Fellowship, which carried with it only honor but no stipend. As a Anne Radcliffe Fellow, I was permitted to use the reading and research rooms in the United States Library of Congress. Even then, it was hard for me to go to the Library Of Congress, while I had a one year old daughter at home and my husband was working full time at the Chinese Embassy and earning a very low income.

Finally, I took Vicki to Cambridge, boarded her with the Rev. and Mrs. Brown, who had been to China as missionaries. I rented a room in a very old house near Harvard Square and visited Vicki daily. The building was so old that the floor was not level. It was also hard for me to take the street car and bus to visit Vicki, as the Browns lived in another town north of Cambridge. The experience was so unpleasant that I felt that it was not necessary for me to get a Ph.D. in an esoteric subject. At that point the Dean of Graduate School at Radcliffe, stepped in and told me that I should not quit, especially since I was near the end. She hired a personal secretary for me, and

I was spared the chore of typing all those Anglo Saxon words in my dissertation. I finished my degree.

While I was in Cambridge, my husband had a Chinese friend living in the house to share expenses. He was Li Tsun Fen (李春芬), and got his Ph.D. in geography. Soon afterwards, Li returned to China, where he became a Professor of geography at CheChiang University (之江大学) in Hantzou (杭州). After I returned to Washington, we decided that we should have a second child, and our second daughter, Margie, was born in May, 1947. It happened that my parents went to the United States in March of the same year. My father was, then, chairman of the board of China Merchants Shipping Company (招商局), the official shipping company of the Chinese government. American firms which needed to do business in China invited my father to the U.S.. They were wined and dined and given royal treatment. After tours of interesting places in America, including meetings with certain movie stars in Hollywood, they were housed in an elegant suite in the Plaza Hotel on Fifth Avenue In New York.

In late April, my father had to go to some other city for conferences and took his assistants with him, My mother came to the U.S. with my father. She was still grieving over the death of my brother in 1946, and Morrison Knutson, one of the American firms, invited my mother along. She did not want to stay alone in that grand Plaza Hotel, and came down to stay with us in Washington. My mother had never done any household work all her life, was afraid of electric outlets or chords and had never walked into a kitchen. I was quite pregnant with Margie, and had to work a little harder to take care of my mother, on top of two and half year old Vicki. The increased activity probably caused an earlier than expected birth of Margie, who was born in the Doctor's Hospital on K Street, Washington on May 5, 1947.

Soon after the birth of Margie, we wanted to return to China. My husband had only a lowly job with the Chinese Embassy and I couldn't find any suitable job as a Chinese woman with a Ph.D. in English. As fate would have it, my husband met Dr. Wang Shou Jin (王守竞) in the halls of the Embassy. Dr. Wang was looking for someone to work for the Chinese delegation to the Far Eastern Commission (远东委员会中国代表团), which consisted of the 13 nations which were at war with Japan during World War II. He immediately convinced my husband that, instead of returning to China, he should work for the Far Eastern Commission, which, Dr. Wang predicted, would last only a few weeks. The weeks stretched into years and continued to 1950, after the Nationalist government moved to Taiwan. The communists had already ruled over mainland China and we could no longer return.

At that point my husband decided to go into teaching and was offered a position as instructor at Michigan State University. He took a look at the university, didn't like the place, and told me to stay in Washington with the two girls. He had every intention of returning to Washington after a one year stint at Michigan State. It turned out that by then the authorities in Taiwan was really unsettled, and Michigan State promoted my husband to be assistant Professor. During that year when I was alone in Washington with the girls, I became sick with hyperthyroidism. It was misdiagnosed and, consequently, I was so ill that I nearly died. But I survived and we moved to East Lansing in 1951.

The Foreign Languages Department hired me as an instructor to teach Chinese, which I did for a year. Realizing that I, as a Chinese, wouldn't find a job teaching English at MSU and not wanting to teach Chinese, I began to turn my thoughts to other subjects, such as economics. My husband told me that I would have to know mathematics in order to be an economist. My only exposure to mathematics was college algebra and trigonometry, a required course for freshmen at St. John's, back in 1937. I am, by nature, not one to retreat from difficulties. I felt challenged and went to see Professor Frame, then Head of the mathematics department. Frame had his B.A., M.A., and Ph.D., all from Harvard. I persuaded him to let a fellow Harvard-Radcliffe Ph.D. demonstrate her abilities and he allowed me to enroll in Advanced Calculus. MSU was on a 3-quarter academic calendar, and I received all A plusses for the courses.

There was a shortage of teachers, especially of mathematics. I became a graduate assistant in the mathematics department and a Ph.D. candidate in mathematics. Meanwhile, my husband said that statistics would be a more useful subject, so I also took on mathematical statistics. Eventually I completed all the advanced courses in both mathematics and mathematical statistics. Statistics and Probability were and still are in a department separate from mathematics. When the time came for me to take a Ph.D. preliminary exam in either mathematics or statistics, I became quite nervous and agitated. I did not want to go through the tension of another oral "general" exam as the one back in 1944 at Harvard. I persuaded myself that I did not really need a second or third Ph.D. and backed off. I never got another Ph.D. and find myself now repeatedly telling my audiences that I have only one Ph.D., because numerous speakers who introduce me assume that I have both a Ph.D. in English and one in mathematics or mathematical statistics.

In 1955, we were asked to move out of the university apartment to make room for other faculty members. Housing was still scarce and we had stayed longer than the expected 2 or 3 years period. I happened to be sitting in the waiting room of a physician and picked up a magazine entitled Better Homes and Gardens. I suddenly became tempted to design a house for ourselves. It was done and built by a good builder. As soon as the house was completed, we ourselves didn't move into it, because my husband meanwhile had received a Ford Foundation grant to do research at Princeton University. The house was rented and we moved to Princeton, N.J..

While in New Jersey for 1956-57, I was lecturer in mathematics at Douglass College, sister college of Rutgers University. We returned to East Lansing in 1957 and I was appointed instructor of mathematics at MSU. Unfortunately, I almost could not finish the 1957-58 academic year. My illness involving hyperthyroidism, the same illness which afflicted me in 1950-51, came back in full force. I finally had my thyroid completely destroyed by radioactive treatment. I was one of the earlier patients to receive radioactive treatment. It is now called Graves Disease and Mrs. George Bush, wife of President Bush received similar treatment for her disease. Our third child, Emily, was born in Lansing. Michigan on March 25, 1959. I did not return to MSU to teach, but spent some time to write a book entitled *First Course in Modern Algebra*, a textbook for high school students. Since I had no experience teaching high school mathematics and had no interest in composing exercises for the students, I enlisted the help of Isobel Blyth who taught mathematics education at MSU and Joyce Burchenal, a high school math teacher. They provided the exercise problems and answers, and were made my coauthors. The book was published in 1960 and 1963 by Frederick Ungar Publishing Co, N.Y..

Soon after that, my husband accepted a full Professorship in economics at the University of Michigan in Ann Arbor. We moved to Ann Arbor and I designed our second house. I became an assistant Professor of mathematics at Eastern Michigan University in Ypsilanti, Michigan. Ypsilanti is a city adjacent to Ann Arbor. I was associate Professor from 1968 to 1977, and full Professor from 1977 to my retirement, in 1984. My husband returned to Michigan State University as Professor and we moved back from Ann Arbor to Okemos, a suburb of East Lansing. Our third house, again designed by me, is a short distance from our first house which we sold in order to move to Ann Arbor in 1965. I kept my job at Eastern Michigan and thus began my twenty years of commuting 70 miles each way between Okemos and Ypsilanti. The long drive and demands of home life in Okemos were so strenuous that, looking back, I often shudder at that experience.

My years at Eastern Michigan University, however, were very productive. In 1977, my book entitled *Elements of Optimization, with Applications in Economics and Business*, was published by Frederick Ungar Publishing Co. of New York, Heidelberg and

Berlin. That book was translated into Chinese and published in Beijing in 1985. Besides the books *First Course in Modern Algebra and Elements of Optimization*, I also published a few minor papers and presented a paper entitled “A stochastic model for characterizing products and market structure” at the Econometric Society meeting held in Toronto in conjunction with AMS (American Mathematical Society) and MAA (Mathematical Association of America) in 1967. Professionally, I was very active. I was secretary-treasurer of the Michigan Section, MAA, 1974-77 and started the Section Newsletter. The MAA is a nation-wide association of college mathematics teachers and has chapters all over the U.S.. The chapters are called “sections”, because some of the smaller states, such as Rhodes Island, are grouped into sections. The state of Michigan, being a large state, is a section by itself. I was vice-chair of the Michigan Section, 1978-79, chair, 1979-80 and governor, 1980-83. The Michigan Section gave me a distinguished service award in 1988 and the national Association, at the MAA meeting in Baltimore, MD, in 1992 gave me their Meritorious Service Award.

Besides the various academic honors such as Phi Tau Phi (China), Phi Beta Kappa, Sigma Xi, Phi Kappa Phi, Pi Mu Epsilon (Mathematics), I have been listed in several editions of *Who's Who of American Women* (1958, 59, 61, 74, 75, 77, 79), *Who's Who in the Midwest* (I have forgotten the years), American Men and Women of Science (1973, 76, 79, 82, 86, 89). By the way, the library at Academia Sinica has at least a copy of the first edition of Who's Who of American Women.

After my official retirement in 1983, I have been deeply

involved in activities which would benefit international students, especially Chinese students. That year I started a program called Volunteer English Tutoring Program (VETP) which offers free English lessons to international students and visiting scholars at MSU. I began teaching with two American friends and we had about 6 or 7 students. Eventually the program grew to have, now, about 40 volunteer teachers, all native born Americans except myself, and hundreds of students. They come from all over the world, but the majority are from China, tw taiwan and Korea. VETP became a unit of MSU's International Studies and Programs starting the beginning of this year, 2000. I am the coordinator of VETP, and I am assisted by Dr. Betty Tsang, a full time physicist and Professor in the National Super Cyclotron Laboratory at MSU, when I am in Florida for my winters.

Besides VETP, I have been busy with my donations to MSU to help Chinese students. At first I made my donations anonymous and allowed the offices of Minority Students and International Students and Scholars to manage my grant. It was poorly managed, and many Chinese students did not even know about the existence of the grant, and many of the recipients were students with only very little Chinese ethnicity. In order to correct the situation, I started a new grant in 1999 called Delia Koo Chinese Students Grant. I decided not to be anonymous any more so that I would have a better handle on the awards. Each year several students from China may each receive up to US, $10,000 to attend MSU. This program is being managed by the Office of Asian Studies (OAS) of MSU. The current director of OAS is Dr. Michael Lewis and his email address is lewism@msu.

edu. The grant is to be given to students from universities or colleges in China who are admitted to certain academic departments (such as mathematics, computer science, etc) at MSU. Up to the time of writing, about five or six students have already received the grants.

I have not mentioned my three children in this biographica! sketch except for their names and dates of birth, because my husband has already furnished more data about them in his biography.

附录二
顾应昌先生年表

1918　　出生于上海。

1924—26　就读竞雄小学。

1926—28　转入圣马利亚女中附设小学，再转入卿云女校附小。

1930　　转学圣约翰青年会初中附小。

1931—33　就读复旦附中。

1933—36　进入圣约翰大学附属高中就读。

1936—40　考入沪江大学，次年转学圣约翰大学，主修会计。

1940—41　赴美进修，于伊利诺大学主修会计，获硕士学位。

1941—46　转往哈佛大学，攻读经济学，获博士学位。

1943　　与韦澄芬女士结婚。

1945　　任职旧金山联合国制宪会议中国代表团，首次接触外交事务。

1946—50　参与中国代表团，在联合国远东委员会赔偿委员会与经济委员会工作。

1949　　发表第一篇论文《进口需求的所得弹性与贸易条件》（“Income Elasticity of Demand for lmports and Terms of Trade”）。

1950—64　任教密西根州立大学经济系，开始教学生涯。

1953—57 获社会科学研究委员会奖助，赴 Dartmouth College 进修数理经济学。

1956 获密西根州立大学“杰出教师奖”（Distinguished Teacher Award, Michigan State University）。

1956—57 获福特基金会赞助，赴普林斯顿大学研究访问。

1961—62 获福特基金会奖助。

1962 赴檀香山，协助规划夏威夷成为太平洋营运中心计划。

1963—64 获福特基金会补助初访台湾，研究土地改革问题；开始“显示性偏好”（revealed preference）系列研究。

1964—67 转任教密歇根大学。获社会科学研究委员会暑期奖助。

1965—67 获国家科学基金会研究奖助。

1966 应中研院和台湾大学之邀请赴台湾讲学。

1967 重回密西根州立大学任教。首次参与台湾经济咨询工作。

1968 出版第一本专书《土地改革与经济发展—以台湾为例》（*Land Reform and Economic Development—A Case Study of Taiwan*）。赴台参与“赋税改革委员会”，任教台湾大学经济研究所博士班。当选中研院院士。获社会科学研究委员会暑期奖助。

1969—70 担任台湾大学客座教授。

1973—74 到夏威夷东西文化中心担任资深研究员。

1974—75　到瑞士日内瓦国际劳工署担任顾问，研究环境保护对投资贸易的影响。

1976　获密西根州立大学“杰出教师奖”（Distinguished Faculty Award, Michigan State University）。

1978　担任台湾经济顾问，与蒋硕杰、邢慕寰、邹至庄、费景汉四位院士合撰《经济计划与资源之有效利用》。

1979　出版《环境保护对贸易和投资的影响》（*Environmental Repercussions on Trade and Investment*）专书。

1980—81　担任美国能源部顾问。

1981　初访大陆。

1982　出版专书《环境保护对贸易和投资的影响：以五国为例之研究》（*Environmental Repercussions on Trade and Investment—Five Country Studies*）、《土地市场扭曲与佃权改革》（*Land Market Distortion and Tenure Reform*）。

1986　再访大陆，参与体制改革委员会讨论有关经济问题。整理出版《哈伯勒论文集》（*Selected Essays of Gottfried Habarler*）。

1987　赴武汉大学讲学。参加国务院体制改革委员会经济咨询工作。

1989　于密西根州立大学退休。赴印度尼西亚讲学。和蒋硕杰、邹至庄、费景汉、刘遵义、于宗先等海外经济学者在香港与国务院体制改革委员会会谈中国经济改革问题。

1990— 担任佛罗里达州立大学客座教授。赴武汉大学、中山大学岭南学院讲学。

1993 编辑《哈伯勒全集》出版。

1998 赴台参加中研院院士会议，并接受近代史研究所口述访问。

1999 获密西根州立大学“杰出校友奖”（Distinguished Alumni Award, Michigan State University）。赴台参加亚洲金融危机学术研讨会。

2000 参加密西根州立大学“顾韦澄芬国际学术中心”（Delia Koo International Academic Center）命名典礼。

附录三
著作目录

一、专书

1. *Land Reform and Economic Development — A Case Study of Taiwan*, F. A. Praeger, 1968.
2. *Environmental Repercussions on Trade and Investment*, Bureau of Business and Economic Research, Michigan State University, 1979.
3. *Environmental Repercussions on Trade and Investment — Five Country Studies* (Editor) with contributions by R. A. Luken (U. S.A.), Karl-Goran Maler (Sweden), J.G. Park (Korea), Ryuzo Sato (Japan), and P. Setthawong (Thailand), center for Quality of Life Studies, Taipei, 1982.
4. *Land Market Distortion and Tenure Reform*, Iowa State University Press, 1982.
5. *Selected Essays of Gottfried Habarler* (Editor). The MIT Press, 1986.
6. *The Liberal Economic Order,* Vol. I, *Essays on International*

Economics; Vol. II, *Money, Cycles and Related Themes* (selected essays of Gottfried Habarler) (Editor and author of Introduction) Edward Elgar Publishing Ltd., England, 1993.

二、论文

1. "Income Elasticity of Demand for Imports and Terms of Trade," *American Economic Review*, September, 1949.
2. "A Note of Professor Frisch's Discriminatory Restriction of Imports and Trade Matrix," *Review of Economics and Statistics*, February, 1952.
3. "The Role of Japan in the Intraregional Trade of the Far East," (co-author). *Review of Economics and Statistics,* February, 1953.
4. "Duty and Non-Duty Imports and Income Distributions," *American Economic Review*, March, 1953.
5. "United Nations Primer for Economic Development: Comment," *Quarterly Journal of Economics*, May, 1953.
6. "Welfare and Direct Taxation," *Canadian Journal of Economics and Political Science*, February, 1955.
7. "Japan in the Intraregional Trade: Alternative Models," *Review of Economics and Statistics*, May, 1955.
8. "Costs versus Benefits of Price Supports," *Journal of Farm Economics*, November, 1955.

9. "Per Capita Rate of Economic Growth," *Weltwirtschaftliches Archiv, 1955;" Reply,"* *Weltwirtschaftliches Archiv*, 1956.
10. "Selling Outlays in the Theory of International Trade," *Metroeconomica*, December, 1957.
11. "Recurrent Objections to the Minimax Strategy," *Review of Economics and Statistics*, February, 1959. Reprinted in *The Foundations of Game Theory*, H.A. Dimand and R.W. Dimand (eds.) Edward Elgan Publishing Ltd., England, forthcoming.
12. "A Theoretical Note on the Dealer-Manufacturer Relationship in the Automobile Industry," *Quarterly Journal of Economics*, May, 1959; "Reply," *Quarterly Journal of Economics*, May, 1960.
13. "An Economic Justification of Protectionism: Comment," *Quarterly Journal of economics*, February, 1961.
14. "A Short-Run Measure of Economic Contribution from the Direct Foreign Investment," *Review of Economics and Statistics*, August, 1961.
15. "Marginal Propensity to Import as a Forecaster," *Review of Economics and Statistics*, May, 1962.
16. "On Measuring European Tariff Changes and United States Exports Based on Cross Section Data," *Review of Economics and Statistics*, August, 1963.
17. "An Empirical Test of Revealed Preference Theory," *Econometrica*, October 1963; "Reply" *Econometrica*, April, 1964.
18. "British and American Productivity and Regional Patterns of Exports—A further Addendum," *Oxford Economic Papers,*

March, 1965.

19. "Economic Consequences of Land Reform in Taiwan," *Asian Survey,* March, 1966.
20. "Competition of American and Japanese Textiles in the World Market—An Empirical Test of the Theory of Comparative Cost," A Contribution to *Essays in Mathematical Economics in Honor of Oskar Morgenstern,* edited by Martin Shubik, Princeton University Press, 1966.
21. "Toward a World Payment System," (Review Article) *Journal of Finance*, March, 1967.
22. "Market Structure and the Differential Effects of Restrictive Monetary Policy," *Kyklos*, 1967.
23. "Impact of Foreign Exchange Constraints on Fluctuations and Growth in a Developing Economy," *Metroeconomica*, Sept.-Dec., 1970.
24. "Revealed Preference—A Structural Analysis," *Econometrica*, January, 1971.
25. "An Index Humber Approach to the Effective Rate of Tariff Protection," *Metroeconomica*, Sept.-Dec., 1971.
26. "Land Reform and Employment in Taiwan," *International Labor Review*, July-August, 1971; included in *Agrarian Reform and Employment*, International Labor Office, Geneva, 1971.
27. "Structure of Revealed Preference—Some Preliminary Evidence," (co-author) *Journal of Political Economy*, July/August, 1972.
28. "Economic Development of Taiwan, 1945-1970," a contribution to *Taiwan: From Prehistory to Modern Times*, St. John's

University Press, Jamaica, N.Y., 1973.

29. "Cognitive Range in the Theory of Revealed Preference," (co-author) *Journal of Political Economy*, Jan./Feb.1974.
30. "Revealed Separable Utility Function," (co-author), *Metroeconomica*, XXV, Maggio-Agosto, 1973, Fasc. II.
31. "Towards a More General Model of Land Tenancy and Reform," *Quarterly Journal of Economics*, November, 1973.
32. "A General Consumption Technology in New Demand Theory," (co-author), *Western Economic Journal*, September, 1973.
33. "Decreasing Marginal Cost and the Pattern of Trade," *International Trade and Finance: Essays in Honor of Jan Tinbergen* (London: Macmillan Press, Ltd.), 1974.
34. "Environmental Repercussions and Trade Theory," *Review of Economics and Statistics*, May, 1974.
35. "Changes in Factor Supply—Income Distribution and the Transfer Problem," *Weltwirtschaftliches Archly*, Band 113, Heft 3, 1977.
36. "An Economic Justification for Land Reformism," *Economic Development and cultural Change*, 25, No. 3 (April, 1977).
37. "The Impact of Fuel Cost Changes on U.S. Exports and Imports," *Journal of Energy and Development*, 111, No. 1, 1977.
38. "Monopoly and Monopsony Powers of Landlords in Developing Countries," *Land Economics*, 55, No. I, February 1979.
39. "On the Equivalence of Reference Price with Tariffs and Quotas," *American Economic Review*, December 1979.
40. "Functional Forms for Estimating the Lorenz Curve," (co-author) *Econometrica*, May 1980.

41. "Identification of Lorenz Curve by Lorenz Coefficient," (co-author,) *Weltwirtschaftliches Archiv*, Band 117, Heft 1, 1981.
42. "Towards a More General Model of Land Reform, Reply," *Quarterly Journal of Economics*, November 1981.
43. "United States Demand for Material Imports: Distinguished by Regions of Supply," (co-author) in W. Eichhorn, R. Henn, K. Neumann, and R.W. Shephard (eds.) *Quantitative Studies on Production and Prices*, hysica-Verlag, Wurzburg, Wien, 1983.
44. "Natural Gas Price Deregulation and Windfall Profit Taxation," (co-author) *Southern Economic Journal*, Vol. 50, No. 2, October 1983, pp. 529-538.
45. Reply to Comment (co-author) "Identification of Lorenz curve by Lorenz Coefficient," *Weltwirtschaftliches Archiv*, Band 119, Heft 2, 1983, pp. 368–369.
46. "Marshall on Balanced Growth on Supply Side," (co-author) *Newsletter*, of the History of Economic Thought Society of Australia, No.5, pp.19-26, Autumn 1985.
47. "Market Structure and U.S. Trade Flows," (co-author) *International Journal of Industrial Organization*, Vol. 2, No. 3, September 1984, pp. 173–197.
48. "Concentration of Land Holdings—An Empirical Exploration of Kuznet's Conjecture," (co-author) *Journal of Development Economics*, May/June 1985.
49. "Can Increasing Demands on Land in Taiwan be Met?" *Proceedings of the Conference on Directions and Strategies of Agricultural Development in the Asia-Pacific Region*, The Institute of Economics, Academia Sinica, Taipei, Taiwan, pp.

473–490, 1988.

50. Reply to comment (co-author) “Concentration of Land Holdings and Income,” *Journal of Development Economics*, 29, 1988, pp. 233–234.
51. “The Contract Responsibility System—A Bridge of Transition from a Planned to a Market Economy,” *Economic Development and Cultural Change*, Vol. 38; 4 July 1990, pp. 797–820.
52. “State-owned Enterprise in Transition,” (co-author) in *China's Economic Reform* (Walter Galenson, ed.) The 1990 Institute, 1993, pp. 33-80.
53. “Prospects for Economic Performance in the Pacific Rim During the 1990s and the Early 21st Century,” in *Economic Development of ROC and the Pacific Rim in the 1990s and Beyond* (Lawrence R. Klein and Chuan-Tao Yu, eds.) World Scientific Publishing Co., 1994, Singapore, pp. 23–36.
54. “Dual-track and Mandatory Quota in China's Price-Reform,” (co-author), *Comparative Economic Studies*, Vol.37, No. I, Spring 1995, pp. 1–17.
55. “The Impact of Township, Village and Private Enterprises Growth on State Enterprises Reform: Three Regional Case Studies,” (co-author) in U.S. Congress, Joint Economic Committee, *China's Economic Future: Challenges to U.S. Policy*, Study Papers, Washington, G.P.O. 1996, pp. 381–402.
56. “Professor S. C. Tsiang's Contribution to Trade Policy: The Real and Money (Macro) Components of His Views,” *S. C. Tsiang: His Contribution to Economic Theory*, Tzong-Shian Yu and Joseph S. Lee (eds.), Chung-Hua Institution for Economic

Research, Taiwan, June 1995.

57. "Dr. Kuo-shu Liang: Policy Framer and Scholar," *Proceedings of the Kuo-Shu Liang Memorial Conference*, Ching-Ing Hou Liang (ed.), Department of Economics, National Taiwan University, Taiwan, 1997.
58. "Initial Pretake-off Conditions and Stages of Growth," *The Economics and Political Economy Of Comparative Development into the 21st Century*, Gustav Ranis, Sheng-Cheng Hu and Yun-Ping Chu (eds.), Edward Elgar, 1999.
59. "China in the East Asian Crisis," (co-author) in *Early Warning Systems*, Chao-Cheng Mai and Sheng-Cheng Hu (eds.) Edward Elger, Forthcoming.

三、书评

1. *The United States Capital Position and the Structure of its Foreign Trade,* by M. A. Diab, Amsterdam: North Holland Publishing Company, 1956; *American Economic Review*, XLVII, No. 5, September 1957, pp. 743-745.
2. *International liquidity—A Study in the Economic Functions of Gold,* by Ian Shannon, Melbourne, Australia: F. N. Cheshire, 1964; *Journal of Finance*, Vol. XXIII, No. I, March 1967, pp. 63-164.
3. *Agricultural Development in China*, 1368-1968, by Dwight H.

Perkins, Chicago, Illinois: Aidine Publishing Company, 1969; *Journal of Economic Literature*, Vol. VII, No. 3, September 1970, pp. 838-839.

4. *International Bond Issues of the Less Developed Countries: Diagnosis and Prescription*, by Hang-Sheng Cheng, Ames, Iowa: Iowa State University Press, 1969; *The Journal of Developing Areas*, Vol. 5, No. I, October 1970, pp. 102-103.
5. *China Trade Prospects and U.S. Policy,* A. Eckstein (ed.), New York: Praeger Publishers, 1971; *Journal of Economic Issues*, Vol. VI, No. 2 and 3, September 1972, pp. 158-160.
6. *Agricultural Production in Communist China 1949-1965*, by Kang Chao, London and Madison, Wisconsin: University of Wisconsin Press, 1970; *Journal of Economic Literature*, Vol. X, No. 3, September 1972, pp. 824-825.
7. *China's Modern Economy in Historical Perspective*, Dwight H. Perkins (ed.) Stanford: Stanford University Press, 1975.2, June 1976, pp. 487-488.
8. *Land Reform and Economic Development in China,* by V. D. Lippit; White Plains, New York, International Arts and Sciences Press, 1974; *Journal of Economic Issues* XII, Ho. I, March 1978, pp. 230-235.
9. *China's Petroleum Industry—Output Growth and Export Potential*, Chu-Yuan Cheng (New York, NY: Praeger Publishers, 1976), *Journal of Energy and Development* III, Mo. 2, Spring, 1978, pp. 413-415.
10. *Unskilled Labor for Development—It's Economic Cost* by O. J. McDiarmid *Industrial labor Relations Review*, Vol. 31, No. 4,

July 1978, pp. 550-551.

11. *Economic Development of Taiwan 1860-1970*, Samuel P. S. Ho, *Journal of Economic Literature*, Vol. XVII, No. I, March 1979, pp. 110–112.
12. *Economic Growth and Structural Change*, Walter Galenson (ed.) (Ithaca, N. Y.: Cornell University Press 1979) *Journal of Asian Studies*, Vol. XL, Nov. 1980, pp. 109–110.
13. *China's Economic Revolution*, by A. Eckstein, *Journal of Economic Issues*, March 1981.
14. *Rural Development*, S. H. Brad, P. Y. Moon and D. H. Perkins (Cambridge: Harvard University Press, 1980) *Journal of Economic Literature*, XIX, June 1981, pp. 514–516.
15. *Deregulation: Appraisals Before the Fact*, T. E. Gils and W. Sichel (eds.) (Ann Arbor, Michigan: Graduate School of Business Administration, University of Michigan, 1982) *Southern Economic Journal*, Vol. 50, No. 3, Jan. 1984, pp. 925–926.
16. *Contrasting Styles of Industrial Reform: China and India in the 1980's*, George Rosen (Chicago: The University of Chicago Press, 1992) *Journal of Asian Economics*, Vol. 4, No. 2, Fall 1993, pp. 437–439.